VENTE

Théodore ROUSSEAU

VENTE

THÉODORE ROUSSEAU

J. Claye, Imprimeur
Rue St A. Z. Paris

CATALOGUE

DE LA VENTE

QUI AURA LIEU PAR SUITE DU DÉCÈS

DE

THÉODORE ROUSSEAU

HOTEL DROUOT

~~~~~~~~~~~

COMMISSAIRE-PRISEUR

Mᵉ CHARLES PILLET, rue Grange-Batelière, 10

EXPERTS

M. DURAND-RUEL	M. BRAME
1, RUE DE LA PAIX	47, RUE TAITBOUT

~~~~~~~~~~~

ORDRE DES VACATIONS

la page suivante.

~~~~~~~~~~~

PARIS

DE L'IMPRIMERIE DE J. CLAYE

RUE SAINT-BENOIT, 7

—

1868

CONDITIONS DE LA VENTE

Elle sera faite au comptant.

Les acquéreurs payeront 5 p. 100 en sus des enchères, applicables aux frais.

ORDRE DES VACATIONS

PREMIÈRE PARTIE

TABLEAUX, AQUARELLES, DESSINS

Salles n°s 8 & 9

E.position particulière : Le Samedi 25 Avril, de 1 h^re à 5 h^res.
Exposition publique : Le Dimanche 26 Avril,   —

Le Lundi 27 Avril, à 2 heures précises
Vente des Tableaux, Études, Esquisses, n°s 1 à 92.

Le Mardi 28 Avril, à 2 heures précises
Vente des Aquarelles, Lavis, &c., n°s 93 à 202.
Le soir, à 7 heures 1/2 : *Vente des Dessins, n°s 370 à 450.*

Le Mercredi 29 Avril, à 2 h, précises
Vente des Lavis & Dessins, n°s 202 à 370.
Le soir, à 7 heures 1/2 : *Vente des Dessins, n°s 450 à 528.*

Le Jeudi 30 Avril : *Vente de la Collection*
PARTICULIÈRE DE TH. ROUSSEAU
n°s 529 à 586

2e PARTIE

GRAVURES, LIVRES, MÉDAILLES

SALLE N° 5

Le Jeudi 30 Avril : *Exposition des Gravures, Médailles & Livres*
ayant appartenu à Th. Rousseau.

Le Vendredi 1er Mai, à 2 heures précises
Vente des Livres & Gravures

M. CLÉMENT, Expert, 3, rue des Saints-Pères.

Le Samedi 2 Mai, à 2 heures précises
Vente des Médailles & Curiosités

MM. ROLLIN & FEUARDENT, Experts, 12, rue Vivienne.

SOMMAIRE

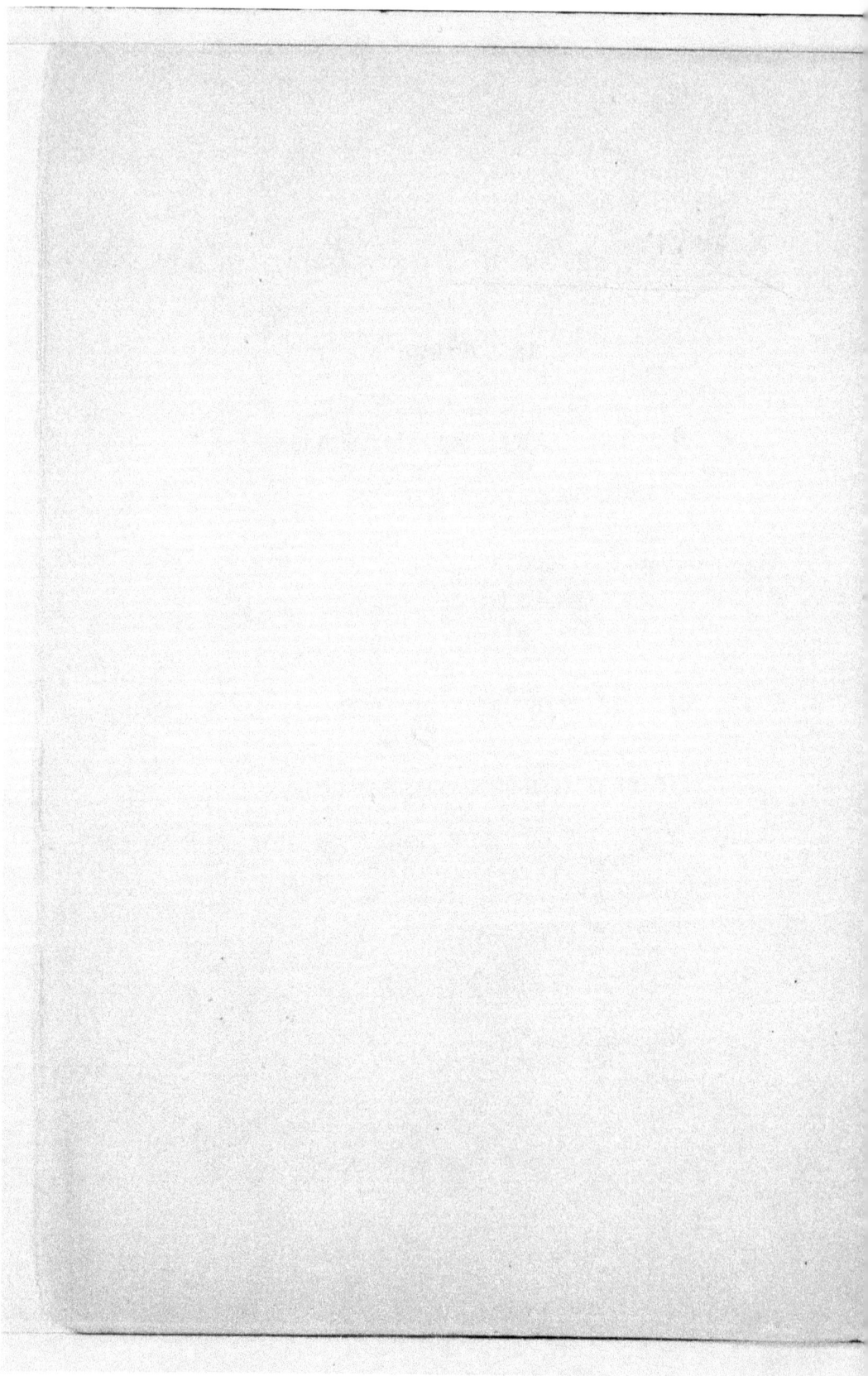

L'OEUVRE POSTHUME

DE

THÉODORE ROUSSEAU

Après une longue & douloureuse maladie, supportée avec la fermeté d'un stoïcien, Théodore Rousseau, né à Paris le 15 avril 1812, mourut au village de Barbizon le 22 décembre 1867, dans toute la force de l'intelligence, à l'apogée de la réputation. Il eut le temps de recommander à ses amis la mise en ordre, le choix & le *fac-simile* de l'ensemble le plus intime & le plus expressif des ouvrages restés sa propriété ; &, consolation suprême, un grand artiste comme lui l'assista dans son agonie & lui ferma les yeux. Un de ses

élèves prit aussitôt l'empreinte de ses traits
comme un document historique. On déplora sa
mort comme une perte nationale; & il fut ense-
veli, selon sa volonté, avec honneur, mais sans
pompe, au cimetière de Chailly, entre la plaine de
Barbizon & la forêt de Fontainebleau, chantiers
de son génie, à l'ombre des chênes, dans le plein
calme de la nature. Son tombeau, fait d'une roche
fruste, porte pour épitaphe son nom, qui ne pé-
rira pas.

Depuis 1837, où son *Allée de Châtaigniers* fut
refusée au Salon par le Jury académique, jusqu'en 1867, année de son triomphe à l'Exposition
universelle, ses principaux ouvrages sont entrés
dans les meilleures galeries de l'Europe : les
autres restent dans le cabinet des amateurs les
plus intelligents & les plus raffinés, qui se les dis-
putent à prix d'or ou se les envient comme les
perles & les fleurs de l'École moderne. De son
vivant, l'artiste ne les voyait pas sortir de chez lui
sans regret; mais il lui en restait toujours quelque
chose : l'étude, l'esquisse, des dessins ou des
croquis. Cette coutume de garder soigneusement

les divers éléments de ses chers travaux n'était
chez lui ni un cumul intéressé ni la vaine adora-
tion de soi-même. C'était l'exercice gradué de
ses sentiments, de ses idées, l'addition suivie de
ses découvertes, le *memento* de toute sa carrière.
Récapitulant de temps en temps ses souvenirs, il
jetait les yeux sur son point de départ, sur le
chemin parcouru, sur les obstacles franchis, sur
les fautes commises; & mesurait sans découra-
gement la distance infinie qui sépare toujours les
plus grands maîtres de l'idéal, cette terre pro-
mise, entourée de mirages, où personne n'arrive.
Mais, en se comparant ainsi à lui-même sans pré-
somption, il grandissait de jour en jour. Heureux
ou malheureux, il médita & travailla sans cesse
avec la foi la plus robuste & la persévérance la
plus tenace.

La plupart des ouvrages de lui, vus jusqu'à
présent aux diverses expositions de peinture, por-
tent bien le cachet de sa personnalité : ils ont fait
sa gloire, que personne à présent ne conteste ;
mais on ne l'y voit pas tout à fait dans son for
intérieur, & comme à nu. Il avait une contrainte

pudique & une application violente en peignant
tout tableau de concours : l'ouvrage pouvait
souffrir, souffrait parfois de ce trouble extrême,
qui saisissait l'artiste au moment d'affronter le
jugement de la foule : on y sentait sa préparation
à la lutte, le roidissement de son esprit & l'achar-
nement de ses procédés. En homme de premier
ordre, il redouta toujours l'heure de l'exposition, comme Turenne craignait le premier feu
de la bataille & Talma le lever du rideau. L'idée
fixe de vaincre tourmentait son cerveau & lui ser-
rait le cœur.

Dans ses tableaux les plus admirés aux Expositions universelles, 1855-1867, & dans quelques-
unes des quatre-vingts études peintes, exhibées
l'été dernier au Cercle de la rue de Choiseul, il
montre infiniment de naturel, d'imagination, d'am-
pleur, d'énergie & de sécurité; mais il n'est pas
encore là tout entier & sans voile. On ne le connaît réellement dans le fin fond de son caractère,
dans chacune de ses fibres, qu'après avoir appro-
fondi l'ensemble nombreux & varié des ouvrages,
terminés ou restés en cours d'exécution dans son

atelier, & que ses héritiers vont mettre aux
enchères.

Cette vente est donc la confession publique &
générale que la mort seule fait faire à l'artiste
célèbre. Pour la première fois, Théodore Rousseau va paraître devant tous, absolument tel qu'il
fut en présence de la nature, seul à seul avec sa
conscience, d'un bout à l'autre de son œuvre. La
porte si bien close de son atelier s'ouvre à deux
battants, le voile du sanctuaire est déchiré. La
collection qu'il laisse, plutôt encore à la postérité
qu'à sa famille, est le journal figuré de sa vie,
jalonnée de travaux, l'histoire intime, pièce à
pièce, de son intelligence & de ses émotions, de
dix-sept à cinquante-cinq ans. Chacun de ces
nombreux morceaux atteste un nouvel aperçu,
prouve un nouveau progrès, & le moindre de ces
griffonnements est un éclair de vérité. On voit là,
là seulement, & ce qu'il a fait, & ce qu'il voulait
faire encore, depuis le tableau, révélation complète du peintre, jusqu'au croquis, son confident
intime. L'incubation la plus ardente donne à tous
les ouvrages de Théodore Rousseau le même air

de famille, malgré leur variété; & la logique la
plus serrée les enchaîne l'un à l'autre aussi fort
que les liens du sang : sur le premier s'élève le
second, sur le second, le troisième; ainsi jusqu'au dernier. On dirait des embranchements &
des jets d'un arbre généalogique. Son esprit,
quoique fort tourmenté, ne fut jamais stérile.
Toujours quelque belle & forte chose en sortait,
comme le chêne sort du gland; &, bien qu'il ait
beaucoup produit, toute sa vie ne fut qu'une
préparation à son œuvre.

Il serait trop long d'en faire ici l'histoire, qui,
d'ailleurs, sera bientôt publiée, selon sa volonté
dernière. Ce résumé rapide suffira maintenant :

Écolier très-ouvert, très-vif & très-docile, il
apprend tout ce qu'on veut; mais il préfère des-
siner sur les marges de son fablier. De quatorze à
quinze ans, à peu près livré à lui-même, il passe
un an dans les montagnes de la Franche-Comté,
étudiant & battant le pays, de La Barre à Salins,
de Mamirolle à La Faucille. Le grand air fortifie
son corps, la liberté trempe son âme; les rochers,

les torrents, les forêts lui parlent pour la première fois; & ils les comprend comme un jeune druide. Ce fut l'année de sa vocation, & la plus heureuse de sa vie. Il ne savait pas encore grand'chose; son premier album nous le prouve; mais ses yeux, déjà faits à la vérité naturelle, restèrent, dès lors, incorruptibles.

M. Rémond, son premier maître, 1827-1828, lui impose quelques recettes; &, selon l'usage académique, lui donne ses propres tableaux à copier pour tout enseignement. L'élève copie en vrai trompe-l'œil; mais, entretemps, il essaye des études d'après nature dans la banlieue de Paris, notamment la *Tour du Télégraphe de Montmartre*, preuve de sa finesse & de sa précision, à dix-sept ans.

Chez Le Thière, son second & son dernier maître, 1828-1829, la physionomie de la figure humaine l'intéresse moins que la nature extérieure; tant il est né pur paysagiste. Ce qui le préoccupe avant tout, c'est la succession des plans; ce sont les phénomènes de la lumière & les états atmosphériques. Le concours pour l'École de Rome le rebute; la routine scolaire le décourage. Prenant la résolution d'arriver seul à rendre un jour ce qu'il a dans la tête & dans le cœur, il part pour l'Auvergne, pays encore plus tranché que le Jura, & travaille là comme un pionnier.

Cette vigoureuse contrée le remue & commence à le débarrasser du mécanisme de l'école. Son faire est tout à coup plus vrai : les lignes vivantes paraissent; & leur précision ressentie prend même quelque chose de la rudesse & de la dureté des roches volcaniques & ferrugineuses dont il arrête la silhouette & articule l'ossature. Deux petites études, peintes alors, une *Chute d'eau, aux environs de Thiers,* & une sorte de pacage rocheux sont ici d'insuffisants spécimens. Mais une cinquantaine de dessins à la mine de plomb disent assez son amour du détail expressif & du caractère accusé des choses : chaumières, hameaux, fragments de montagne. Les derniers, les plus forts, prouvent l'excellence de son œil, la finesse & la décision de sa main. Les vues d'ensemble rappellent encore un peu les recettes de l'atelier:

l'exécution trop attentive & trop obstinée du mor-
ceau nuit parfois à l'effet général; l'on y vou-
drait plus d'air & plus d'expansion. Cependant il
devient à vue d'œil plus artiste & plus homme : la
salutaire âpreté de la vie montagnonne, l'entraî-
nant à travers bois, gorges & marécages, donne
à son talent l'audace, l'énergie & la subtilité. Ce
voyage de six mois, 1830, est sa petite révolution.

En Normandie, 1831, la justesse & la fermeté
contractées en Auvergne lui restent tout entières,
mais tempérées par une vue générale plus douce
& plus exercée. Même sentiment de la vie, du
caractère des sujets, mêmes silhouettes décidées,
même saillie d'arêtes; mais en même temps ob-
servation plus délicate, travail plus soigneux,
meilleure perspective & meilleure couleur. Les
sites normands, d'une harmonie plus vaporisée
que les escarpements auvergnats, ne le poussent
pas tant à découper les choses d'un crayon aigu
& reluisant. Dans ses études, peintes alors, &
cédées l'an passé avec celles de l'Auvergne à
MM. Durand-Ruel & Brame, Théodore Rousseau
s'affirma vraiment peintre pour la première fois.

Cela rend d'autant plus intéressants les qua-
rante & quelques dessins que nous voyons ici :
intérieurs de petites villes, entrées de villages,
églises, ponts, masures & chantiers; criques,
ports, bateaux sur la grève & au large; environs de Bayeux & d'Avranches; hauteurs de
Rouen & basses rives de la Seine; falaise de
Granville & coteau des Andelys, dont le souvenir natal revenait à Poussin, peignant son
Polyphème.

Dans les alentours du Mont-Saint-Michel &
de Pontorson, dans les environs de Paris & sur
les bords de la Loire, il incline un moment à la
manière romantique de Bonington. Mais le naturel, reprenant aussitôt le dessus, il fait de remarquables études & de charmants dessins, entre
autres ce petit bijou : *Le Château de Chambord*.

En 1833, année de son exposition des *Côtes de
Granville,* tableau revu à l'Exposition universelle
de 1855 & maintenant en Russie, il passe l'été à
Conipiègne, à Dampierre, dans la vallée de Che-
vreuse ; fait une pointe à Moret par la forêt de

Fontainebleau, en attendant d'attacher son nom célèbre à tous ses sites; & se repose deux semaines à Chailly, où il dort aujourd'hui pour jamais.

De novembre 1834 à mai 1835, il peint dans le Jura :

Vue de l'Auberge du col de La Faucille, effet de neige d'une vérité rigide, vivement sentie, & d'un travail encore un peu mince; *Le Mont-Blanc,* aperçu d'un revers du Jura, grande ébauche sombre, où de beaux mouvements de nuages trahissent déjà l'audace pittoresque & le tempérament byronien. De ce voyage résulte, un ou deux ans après, *La Descente des Vaches,* restée célèbre, mais rendue méconnaissable par l'action ruineuse du bitume. On y sent bien toujours de ci, de là, l'impression première, l'intensité du ton, & la richesse de l'effet; on en restaure même par induction les parties altérées & confuses en voyant encore les beautés subsistantes :

Les sapins, fracassés à la cime, comme des mâts par la tempête, résistent plaintifs & fiers.

sur ces versants abrupts, laissant voir à travers leur branchage froissé un coin de bleu, une trouée de l'espace infini. Les crêtes de la montagne entourées de vapeurs flottantes, — la fumée des abîmes, — nous disent que l'Hiver commence à préparer des ouragans dans son laboratoire : il est grand temps que vaches & bouviers dévalent de ces menaçantes hauteurs.

Après avoir travaillé en Vendée, où il fit, dans les environs de Bressuire, sa fameuse *Allée de châtaigniers,* il passe à Barbizon l'été de 1836. Pas de peinture d'alors, à cette vente ; mais d'admirables dessins à la plume : portraits mélancoliques ou désolés des gorges d'Apremont & des landes d'Arbonne ; déserts alors tout nus, tout excoriés, ou couverts seulement de genêts, de mousses, de lichens, de houx, de fragons épineux, d'herbages hérissés.

Depuis lors, & malgré quelques déplacements jusqu'en 1841, au lieu de continuer de grandes toiles que le Jury académique repoussait par système, & les yeux fermés, il n'aime que le côté

douloureux & convulsif de la nature : les arbres
désolés par le vent, ébranchés par les trombes,
étêtés par la vétusté ; les roches amoncelées, d'où
quelques bouleaux pâles sortent comme des plu-
mets frémissants ; les bruyères fauves, mâtées par
le givre, ou rôties par la canicule. Il passe là
des jours, des mois, même au fort de l'hiver, la
tête & le cœur en feu, malgré l'onglée & le fris-
son, écoutant craquer l'arbre & siffler la rafale ;
regardant passer les nuages & les oiseaux. Revenu,
par la roide nuit, des plateaux de Belle-Croix, des
landes de Franchard, de la Mare aux Evées ou
de la gorge aux Loups, il faisait, au coin de la
cheminée d'une auberge, & pendant que la neige
tombait, ces dessins à la plume d'une originalité
nerveuse, presque égratignante, & d'une mémo-
rable beauté.

Une disposition nouvelle l'attache au pittoresque du Berry, 1842 ; &, par le choix du site, par
l'étrangeté piquante des formes, par l'énergique
variété de la coloration, il montre là plus de poésie
encore que de grandeur, s'appliquant à rendre
seulement des particularités ravissantes. L'*Abreu-*

noir, simple frottis au bitume, est un souvenir de ce temps-là, un plan de tableau, parfaitement compris. Dans la série si variée de dessins, faits en Berry & en Sologne, la plupart au crayon noir rehaussés de blanc, & sur papier teinté, il y en a qui valent de petits poëmes intimes. Ce sont des bouquets & des lisières de bois, des talus dont les éboulements ont déchaussé les chênes, des chemins ravinés, des marécages, pleins de joncs & d'herbages inextricables dont on croit voir les fermentations spontanées & entendre tous les coassements. C'est surtout vers ses bords de rivière que l'artiste nous mène. Par l'amas & la croissance des plantes que les paysans y laissent pousser, on comprend qu'ils se réservent d'en faire de temps en temps quelque abondante coupe. Les arbres riverains sont assez respectés; trait de conservation fort rare. A la vérité, ces cours d'eau sinueux & somnolents n'appellent pas d'usines. La vie rustique existe donc encore là-bas?

A l'Isle-Adam & à Maffliers, 1843-1845, Théodore. Rousseau fait quelques tableaux : bois & rivières. De cette période, résumée quatre ans après au Salon, par l'éclatante *Allée verte*, il ne reste ici que le portrait d'un *Grand Hêtre*, frottis sur toile légèrement coloré ; un dessin du même arbre, & un rudiment d'aquarelle.

Les Landes, rappelées seulement par quatre fort beaux dessins, donnèrent à son esprit une allure plus large, plus hardie & plus laborieuse (1845). De ces dessins, pris alors sur nature, pas un qui ne porte la double marque de sa puissance & de sa volonté. Toutes les branches de ces chênes, sans avoir rien perdu de leur physionomie naturelle, ont été faites avec la soigneuse attention du meilleur poëte, comme strophe à strophe & vers par vers. Notons ici *le Four communal* au milieu des buis, dessin sur toile, d'une torsion si vraie & d'un saisissant relief.

C'est sous l'influence de ce voyage aux Landes, plein d'aperçus nouveaux, & suivi de tant de réflexions & d'efforts, qu'il associe la vie humaine au paysage pour en redoubler la signification, & qu'il rend plus que jamais sensible la vastitude transparente du firmament. Mais ces maisons ou

ces chaumières ne jouent encore dans ses tableaux qu'un faible rôle. La plaine nue, la forêt
déserte, restent ses deux affections dominantes.

Nommé d'acclamation en 1848 membre du
jury des Beaux-Arts, lui, si injustement repoussé
du Salon pendant quatorze ans, n'en exclut personne, malgré la rigidité bien connue de ses con-
victions; sachant par expérience que le vrai talent
n'a que deux juges : lui-même & l'avenir, à défaut
du présent.

Souvent à Barbizon, & de temps en temps à
Paris, 1849-52, un solennel *Soleil couchant* & *Un
matin*, plein de fraîcheur, marquent au Salon ce
moment heureux & puissant de sa carrière. Ces
deux toiles, qui enlevaient tout le monde, furent
pourtant traitées d' « esquisses faciles ». Dès lors,
violemment poussé par le désir d'arriver à la
perfection, & non sans doute par le besoin de
répondre à la critique, le peintre serre de plus en
plus rigoureusement ses ouvrages. Le nombre,
l'articulation, la plénitude des formes, la profon-
deur de l'espace, la richesse variée de la couleur

& la prédominante spontanéité de l'impression &
de l'effet l'obsèdent à la fois.

D'une excursion en Picardie, aux environs de
Bohain, de Becquigny & d'Arras, 1857, nous avons
une grande *Chaumière* sous les chênes, entre les
deux versants d'un monticule, superbe dessin sur
toile; — quantité d'autres dessins à la plume,
d'après nature ou de souvenir, & sept ou huit
petites aquarelles, chaumières coiffées de chaume,
à ciel découvert ou à l'ombre des arbres; & entrées
de villages. Fraîcheur, douceur, tranquillité, voilà
les trois sensations dominantes de toute la série
de ces petits ouvrages. La force s'y montre ordi-
nairement dans la simplicité, &, par moments,
un peu tendue.

Petit voyage avec un ami en Franche-Comté
& en Suisse, 1862. Observations, enthousiasme,
conversations expansives, depuis le départ jusqu'au retour. A chaque site, on s'écriait : Plan-
tons-y deux tentes! » C'est en 1863 que Théodore
Rousseau passe vingt jours au col de La Faucille,
ravivant & notant ses impressions pour sa fameuse

Vue du Mont Blanc. Quelques-uns des plus beaux
dessins de la série de la Franche-Comté sont les
souvenirs de ce dernier voyage : fermes ombra-
gées, prés, bois, plateaux rocheux & torrents.
Quoique au simple trait, ces dessins sont lumi-
neux, aérés, expressifs. Chaque ligne y modèle
pour ainsi dire la forme en la traçant; tout est
fait avec la plus complète sûreté. Les plus mar-
quants sont pourtant vingt ou vingt-cinq croquis
sommaires & quatre ou cinq dessins arrêtés &
superbes du *Mont-Blanc*, sa première émotion &
son dernier tableau.

C'est surtout dans cette période, de 1861 à
1863, que, délivré par moments de la peinture à
l'huile, le casse-tête éternel des maîtres, il avait
fait ces aquarelles d'un éclat si pur, d'une exécution si limpide & si libre; les unes, modelées,
enlevées comme des médailles; les autres, aussi
soignées que des enluminures de missel. C'est
dans cette enviable série de motifs qu'il chante de
sa voix la plus claire & la plus douce la montagne, la forêt, la rivière & la plaine; la sérénité,
le trouble, la tristesse ou la rigueur du temps.

Le cœur expansif & les nerfs détendus, il
avait déjà fait, — après son grand succès de 1855,
prélude de son triomphe en 1867, — la plupart
de ces admirables dessins à la plume & à l'encre
de Chine, dont l'ensemble va prendre place entre
le *Livre de Vérité* de Claude & les eaux-fortes
de Ruysdaël ou le *Liber studiorum* de Turner.

L'œuvre posthume de Théodore Rousseau
parle assez par lui-même. Nous ne pouvions dire
qu'un mot en passant d'une centaine de toiles
de toute dimension. Elles nous disent encore
ici, en des états divers d'exécution, les désirs
ou les tourments du grand peintre, véritable poëte
des saisons, qui ne voit pas seulement dans l'Art
l'image plus ou moins vraie de la nature, mais
encore, & surtout, le miroir vivant des affections
de l'âme.

On connaît son génie, sa fierté, son urbanité
généreuse; mais ce qu'il faut surtout connaître,
c'est ce profond amour de la solitude, indice d'un
grand cœur, ramené au désert, au moins de temps
en temps par le dédain altier, profond & taci-

turne des relations mondaines. Là il écoutait les
grandes voix de la terre, de la mer & des cieux.
Cet isolement volontaire a donné à son œuvre cet
accent sauvageon, cette acidité astringente, qui
le préserve au moins de toute corruption.

Jugez aussi de sa curiosité, de son goût, de
son raffinement & de son enthousiasme, par les
objets d'art dont il eut la passion & le bonheur
de s'entourer toujours, même au prix des aises
de la vie : ces médailles qu'il interrogeait comme
les témoins de l'histoire, & ces estampes qu'il
regardait comme les étoiles du firmament de
l'Art.

Avec cette naïve & noble manière de louer le
beau partout où il le trouve, il n'eut jamais un
seul moment d'envie : voyez, mêlées aux siennes,
quelques petites toiles de Corot, qui, par ses ciels
profonds & doux, raconte aussi à sa manière le
charme & la splendeur de la création; deux aquarelles de Barye, dont les animaux imposants ou
terribles, passent ou méditent, au soleil couchant,
au milieu de ces roches sinistres.

Voyez encore les douze dessins de François Millet, — aussi vrais, aussi simples, plus robustes que les tableaux d'Ostade ; d'une tournure michelangesque ; — & admirez surtout son grand pastel de *Pêcheurs,* où le soleil, se levant comme l'âme & le flambeau du monde, sur la mer profonde & respirante, purifie la pensée & fortifie le cœur.

Eugène Delacroix dit, en se redressant sur son lit, la veille de sa mort :

« Je sais que tous les ouvrages que je laisse dans mon atelier ne sont pas en état d'être vus du public. Je les faisais moins pour lui que pour moi. Je veux pourtant que tout cela soit montré & mis en vente. Ce que le public n'en pourra pas comprendre, les artistes le comprendront. Les plus pauvres d'entre eux, qui ne sont pas les moins intelligents, pourront au moins avoir quelque souvenir de ma main, une parcelle de moi-même. Qu'on expose tout ; qu'on vende tout. Je veux enfin être jugé. Je ne crains pas de l'être. »

Et le Maître, parlant ainsi, se sentait comme enlevé en apothéose.

Théodore Rousseau, l'ami, l'admirateur, &,
par maint côté, le frère pittoresque mais précis
d'Eugène Delacroix, avait la même confiance dans
le jugement de l'avenir & voulait que son œuvre
posthume fût exposé, vendu de la même manière.

Parmi tant d'ouvrages divers, il en est donc de
terminés ou d'une expression décisive, entre autres l'admirable *Soleil couchant*, du *Jean de Paris*.
Certains, pour arriver à la maturité, n'atten-
daient qu'un dernier soleil, notamment le *Carrefour de la Reine-Blanche* & la *Grande forêt* d'hiver,
vieille forêt gauloise, pleine de craquements, d'un
aspect primitif, & digne d'un musée. Les moins
avancés, de la plus grande ébauche au moindre
crayonnement, sont toujours des germes vivaces,
des indications hardies & radicales : *Futaie de la
Porte-aux-Vaches; Vue générale des gorges d'Apremont; Vallée de Saint-Ferjeux, au pied des montagnes d'Arguel;* &c., &c.

L'auteur, si avide de vérité, de beauté, d'expression, & si sévère pour lui-même, ne les

aurait certes pas montrés tous au public, dont il respectait l'exigence, sans se plier à ses caprices. Mais les connaisseurs, initiés à tous les états de la gestation artiste sauront bien voir l'aigle dans l'œuf. Voilà donc ces ouvrages pour ce qu'ils sont, non pour ce qu'ils allaient devenir, selon l'idée & sous la griffe de l'auteur, interrompu par la Mort, qui n'attend & n'avertit personne. Si le génie avait le temps d'achever tout ce qu'il commence, nous en aurions sans doute les fruits; mais nous n'en connaîtrions ni la fécondation, ni la germination, ni la floraison. Aussi Mirabeau disait-il que « la mort est la plus belle invention de la vie. » Elle amène d'ailleurs la justice, fait taire l'envie, vérifie l'engouement & confirme la gloire.

THÉOPHILE SILVESTRE.

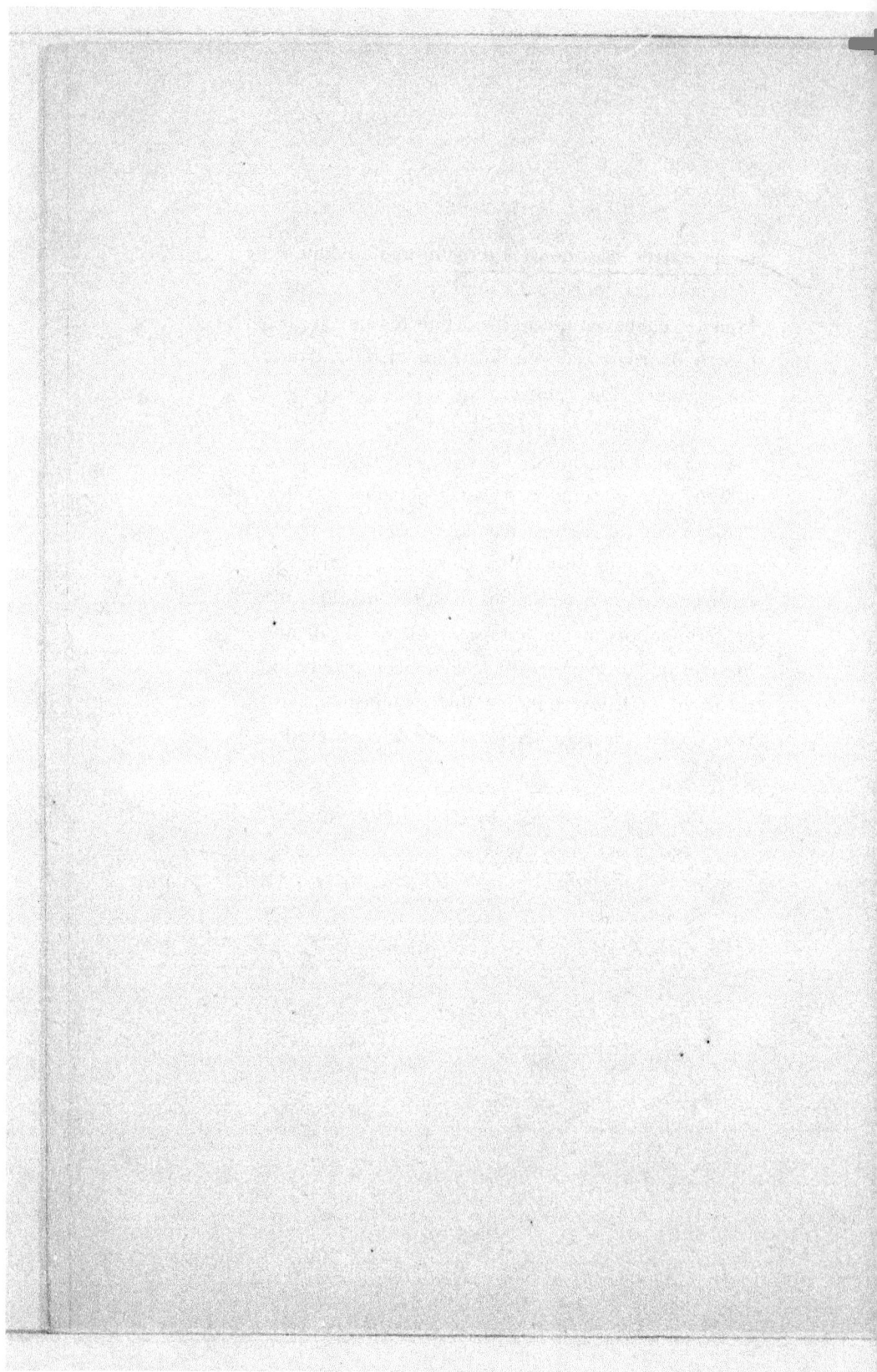

PEINTURES

TABLEAUX, ÉBAUCHES

ESQUISSES, ETC.

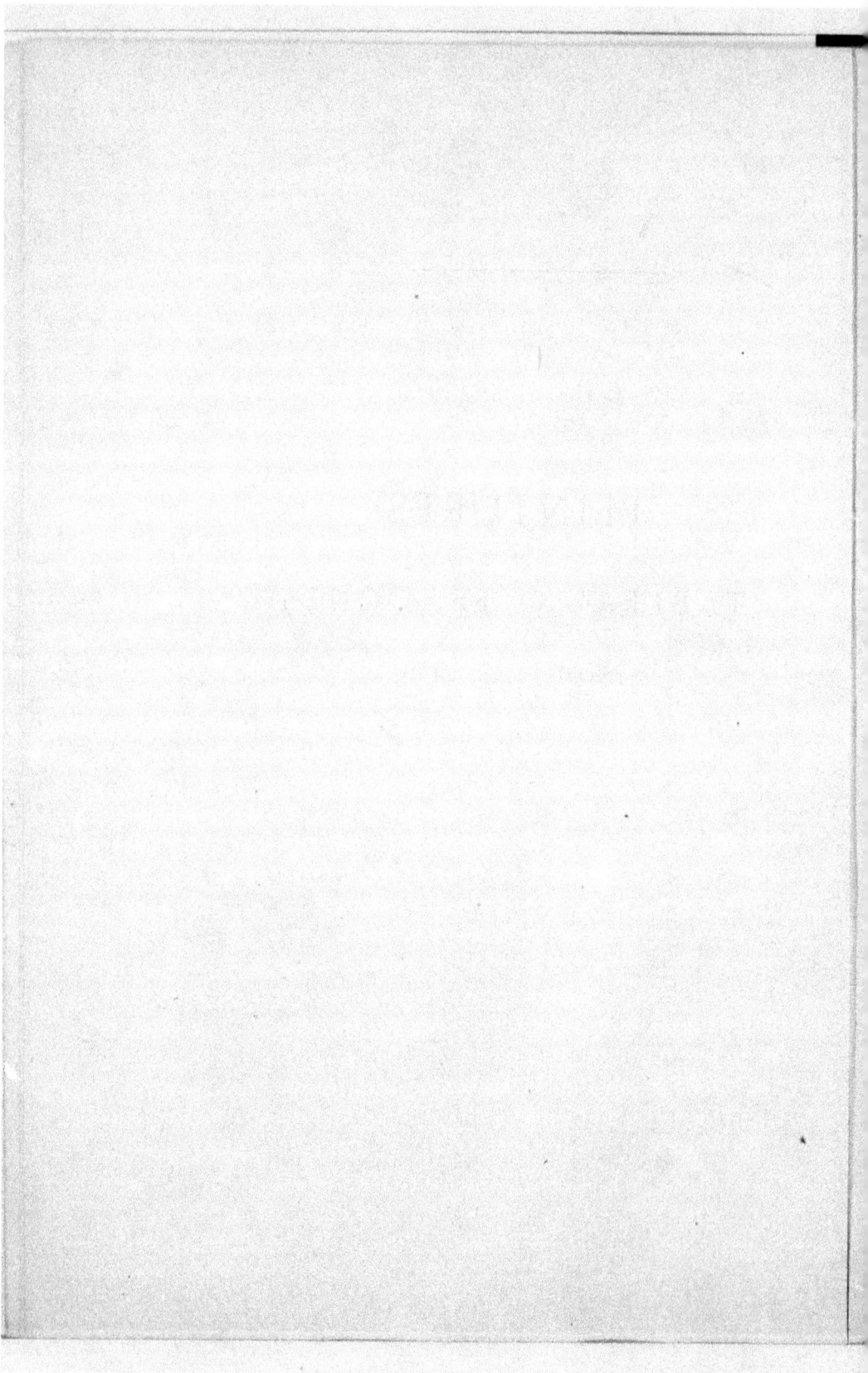

PEINTURES, TABLEAUX

ÉBAUCHES, ETC.

----

1. — Copie de Claude Lorrain.

Un des premiers essais de Th. ROUSSEAU.

1829.   H. 25 c. 1/2; L. 35 c. 1/2.

----

2. — Le Pavé de Chailly.

1829.   H. 32 c. 1/2; L. 41 c.

3. — Le Pont de Saint-Cloud.

1830.   H. 32 c. 1/2; L. 41 c.

4. — Une Chute d'eau à Thiers.

1830.   H. 43 c.; L. 31 c.

5. — Étude dans les montagnes d'Auvergne.

1830.   H. 31 c.; L. 21 c. 1/2.

6. — Un des versants du Jura avec vue sur le lac de Genève.

Esquisse.

1834.   H. 10 c.; L. 32 c.

7. — Une Auberge au col de la Faucille (Jura).

Effet de neige. — Tableau terminé & signé.

1834. H. 42 c.; L. 52 c.

8. — Le Versant de la Faucille (Jura).

Effet du soir.

1834. H. 59 c.; L. 102 c.

9. — Descente des vaches dans le Jura.

Ce tableau a souffert par suite des préparations au bitume.

1835-1836. H. 2 m. 60; L. 1 m. 63 c.

10. — Le Mont-Blanc vu de la Faucille; effet d'orage.

1835-1836. H. 2 m. 42 c.; L. 1 m. 45 c.

11. — Plaine aux environs de Compiègne.

1836. H. 18 c.; L. 27 c.

12. — Clairière dans une forêt.

1838. H. 27 c.; L. 31 c.

13. — Le Hêtre de la forêt de l'Ile-Adam.

Étude.

1844. H. 81 c.; L. 1 m.

14. — Chaumière dans les Landes.

Esquisse.

1845-1846. H. 15 c. 1/2; L. 29 c.

15. — Sortie du Bas-Bréau sur les gorges d'Apre-
       mont.

             Grisaille.

1848.   H. 54 c.; L. 65 c.

16. — Entrée d'une futaie.

             Forêt de Fontainebleau.

1848-1850.   H. 1 m.; L. 88 c.

17. — Futaie des ventes à la Reine.

             Grisaille.

1850.   H. 40 c. 1/2; L. 30 c.

18. — Un Abreuvoir (Berri).

             Grisaille.

1850.   H. 1 m. 2 c.; L. 85 c.

19. — Route de Fontainebleau après la pluie.

             Effet d'hiver ; grisaille.

1850.   H. 26 c. 1/2; L. 35 c.

20. — Le Rageur. Vieux chêne dans les gorges
       d'Apremont.

             Effet de clair de lune ; esquisse assez avancée.

1852.   H. 59 c.; L. 74 c.

21. — Étude à la Reine-Blanche.

             Forêt de Fontainebleau.

1853.   H. 26 c. 1/2; L. 34 c.

22 — Les Gorges d'Apremont.

             Petit tableau terminé.

1853.   H. 09 c.; L. 16 c.

23. — Fleurs des champs.

             Esquisse.

1853-1854.   H. 23 c. 1/2; L. 18 c.

24. — Plaine & roches près d'Arbonne.

1854.   H. 30 c.; L. 56 c.

25. — Chênes & Bouleaux dans les gorges d'A-
          premont.

Esquisse à l'huile.
1854-1856.   H. 45 c.; L. 55 c.

26. — Troupeau de vaches passant une mare.

Ébauche à l'huile rehaussée de pastel fixé.
1854-1856.   H. 98 c.; L. 1 m. 37 c.

27. — Rochers & Bouleaux du Jean-de-Paris,
          avec vue sur Chailly; soleil couchant.

1856.   H. 62 c.; L. 94 c.

28. — Étude dans le rocher Saint-Germain (forêt
          de Fontainebleau).

Effet du soir.
1856.   H. 26 c.; L. 35 c.

29. — Grands Peupliers dans la plaine de Bar-
          bizon; soleil couchant.

Indication à l'huile.
1856-1857.   H. 30 c.; L. 58 c.

30. — Chêne dans le rocher Saint-Germain (forêt
          de Fontainebleau).

Esquisse.
1856-1857.   H. 28 c.; L. 54 c.

31. — Mare sur le plateau de Belle-Croix.

Ébauche à l'huile avec indications au pastel.
1857.   H. 65 c.; L. 1 m. 04 c.

32. — Chênes & Pommier sauvage du dormoir des
gorges d'Apremont.

1857.   H. 38 c.; L. 57 c.

33. — Le Pavé de Chailly.

Tableau assez avancé avec indications au pastel.

1856-1858.   H. 63 c. 1/2; L. 99 c.

34. — Un Jardin à Barbizon.

Esquisse sur panneau rehaussé de pastel fixé.

1858.   H. 45 c.; L. 55 c.

35. — Les Gorges d'Apremont; route du Rageur.

Beau tableau terminé.

1858.   H. 38 c.; L. 67 c.

36. — Plaine de Barbizon.

Esquisse.

1859-1860.   H. 30 c.; L. 55 c.

37. — La Mare à Dagnan, sur le plateau de
Belle-Croix.

Tableau presque terminé.

1858-1860.   H. 63 c.; L. 1 m. 03 c.

38. — Carrefour de la Reine-Blanche.

Effet de printemps.
Tableau presque terminé.

1860.   H. 81 c.; L. 1 m. 45 c.

39. — Crépuscule dans la forêt de Fontainebleau.

Tableau terminé.

1860-1862.   H. 15 c.; L. 21 c.

40. — Bruyère & Rochers du Jean-de-Paris &
vue de la futaie de la porte aux Vaches.

Effet de printemps.
Esquisse.

1860-1862.   H. 82 c.; L. 1 m. 46 c.

41. — Rochers dans la plaine de Barbizon.

Soleil couchant (ébauche).

1862.   H. 69 c.; L. 98 c.

42. — Vallée de Saint-Ferjeux (Doubs).

Au fond, les montagnes d'Arguel.
Ébauche avancée.

1860-1862.   H. 97 c.; L. 1 m. 35 c.

43. — Souvenir du village de Faïs.

Tableau terminé & signé.

1861-1862.   H. 33 c.; L. 56 c. 1/2.

44. — Le Printemps (Picardie).

Esquisse.

1862.   H. 27 c.; L. 35 c.

45. — Soleil couchant dans la plaine de Barbizon.

Tableau terminé & signé.

1862.   H. 42 c.; L. 64 c.

46. — Lisière de forêt.

Vaches traversant une mare; soleil couchant.
Tableau presque terminé.

1863.   H. 54 c.; L. 47 c.

47. — Hauteurs du camp d'Arbonne (Fontainebleau).

Esquisse.

1862-1864.   H. 64 c.; L. 1 m. 06 c.

48. — Soleil couchant sur les sables du Jean-de-
Paris.

> Ce tableau, peint par un procédé spécial pour rester
> mat, ne peut être verni.

1864.   H. 89 c. ; L. 1 m. 17 c.

49. — Champs cultivés de Barbizon & bois de La
Plante à Biau.

> Dessin sur panneau au pastel fixé.

1864-1865.   H. 64 c. ; L. 95 c.

50. — Le Printemps.

1865.

51. — L'Automne.

> Esquisses de deux tableaux exécutés pour M. De-
> midoff.

1865.   H. 41 c. ; L. 28 c. chacun.

52. — Forêt d'hiver.

> Effet de soleil couchant.
> Très-beau tableau commencé vers 1845.

1845-1866.   H. 1 m. 64 c. ; L. 2 m. 58 c.

ESQUISSES ET DESSINS

SUR TOILE, PANNEAUX, ETC.

53. — Soleil couchant dans la forêt.

> Projet de tableau avec indications à l'huile & au
> pastel.

1856-1858.   H. 1 m. 30 c. ; L. 1 m. 90 c.

54. — Carrefour de l'Épine; l'arbre penché.

Ebauche.

1852.   H. 80 c.; L. 1 m.

55. — Gorges d'Apremont avant la plantation des pins.

Ebauche.

1849.   H. 81 c.; L. 1 m. 45 c.

56. — Troupeau de vaches à la mare aux Évées.

Esquisse à l'huile sur une toile teintée de rouge.

H. 98 c.; L. 118 c.

57. — Landes & Roches près d'Arbonne.

Esquisse.

1854-1855.   H. 27 c.; H. 38 c. 1/2.

58. — Le Mont-Blanc.

Frottis à l'huile.

1863.   H. 54 c.; L. 65 c.

59. — Les Pommiers de la Belle-Marie.

Dessin à l'encre sur toile.

1860-1862.   H. 38 c.; L. 57 c.

60. — Rochers d'Arbonne.

Soleil couchant (ébauche).

1860.   H. 32 c.; L. 52 c.

61. — Bois des Brulis; plaine de Macherin.

Peinture à l'eau sur panneau.
Ce tableau ne peut être verni.

1860.   H. 81 c.; L. 45 c.

62. — Peupliers à la porte de Rochefort.

Près de Barbizon ; effet de printemps (ébauche).

1863.   H. 60 c. ; L. 45 c.

63. — Gorges d'Apremont.

Esquisse peu avancée.

1860.   H. 79 c. ; L. 1 m. 44 c.

64. — Sentier allant au point de vue du camp de Chailly.

Grisaille.

1849.   H. 25 c. ; L. 35 c.

65. — Rochers au Jean-de-Paris.

Indication à l'huile.

H. 25 c. ; L. 32 c.

66. — Effet d'Hiver.

Esquisse à l'huile.

H. 11 c. ; L. 22 c.

67. — Bouleaux du Jean-de-Paris.

Ébauche sur fond sombre.

1862.   H. 52 c. ; L. 37 c.

68. — Une Rue à Barbizon ; effet de lune.

Indication.

·   H. 59 c. 1/2 ; L. 50 c. 1/2.

69. — Chaumière en Normandie.

Indication à la momie.

H. 25 c. ; L. 32 c.

70. — Bords de rivière.

Indication à la momie.

H. 90 c. ; L. 1 m. 16

71. — Coup de soleil sur les roches de Milly.

Projet de tableau à l'huile avec indication au crayon.

H. 90 c.; L. 1 m. 20 c.

72. — Chaumière en Picardie.

Dessin à l'encre sur toile.

1865.

H. 90 c.; L. 1 m. 16 c.

73. — Le Four communal (Landes).

Dessin à l'huile.

1845.

H. 64 c.; L. 98 c.

74. — Coup de soleil sur la lande d'Arbonne.

Indication au pastel sur toile rouge.

H. 98 c.; L. 1 m. 35 c.

75. — Rochers des monts Girard.

Effet de lune (pastel & crayon).

H. 23 c.; L. 30 c.

76. — Sentier dans un bois de bouleaux & de chênes

Fusain & huile, rehaussé de blanc.

H. 27 c.; L. 42 c.

77. — Route de l'Épine au Bas-Bréau.

Fusain fixé & crayon noir.

H. 65 c.; L. 1 m.

78. — Rocher Saint-Germain.

Fusain & pastel sur toile.

H. 90 c.; L. 1 m. 18 c.

79. — Bruyères du bois de Macherin.

Fusain & pastel, rehaussé de blanc.

1860.   H. 63 c.; L. 93 c.

80. — Lisière de Forêt.

Dessin à l'encre de chine rehaussé de blanc.

1842.   H. 63 c.; L. 94 c.

81. — Monticule dans la descente du plateau de
Belle-Croix.

Fusain rehaussé de blanc, sur toile.

H. 90 c.; L. 1 m. 18 c.

82. — Le Chêne de la Reine-Blanche.

Crayon & fusain rehaussé de blanc, sur toile.

1860.   H. 90 c.; L. 1 m. 18 c.

83. — Plaine de Barbizon; effet de crépuscule.

Crayon rehaussé de blanc.

H. 36 c.; L. 70 c.

84. — Projet de Tableau.

Fusain & pastel.

1864.   H. 41 c.; L. 63 c.

85. — Plateau de Belle-Croix.

Fusain rehaussé de blanc, sur toile.

1865.   H. 83 c.; L. 1 m. 25 c.

86. — Les Sources du Lizon (Jura).

Fusain fixé sur toile, légèrement rehaussé.

1862.   H. 90 c.; L. 1 m. 16 c.

87. — Une Vue de la Seine à Melun.

Dessin au fusain rehaussé de blanc, sur toile.

H. 65 c.; L. 1 m.

88. — Intérieur de forêt.

Fusain rehaussé de blanc sur toile.

1865.   H. 83 c.; L. 1 m. 25 c.

89. — Bois & Rochers près de Chailly.

Dessin au fusain.

H. 65 c.; L. 95 c.

90. — Grand Hêtre dans le bois d'Arbonne.

Crayon noir sur panneau.

H. 20 c.; L. 24 c.

91. — Landes & Roches d'Arbonne.

Fusain.

H. 58 c.; L. 81 c.

92. — Intérieur de futaie & sentier des Longues-
Vallées, à la Reine-Blanche.

Fusain.

H. 90 c.; L. 1 m. 18 c.

92 *bis*. Sous ce numéro, quelques études & esquisses peintes sur papier.

AQUARELLES

ET PASTELS

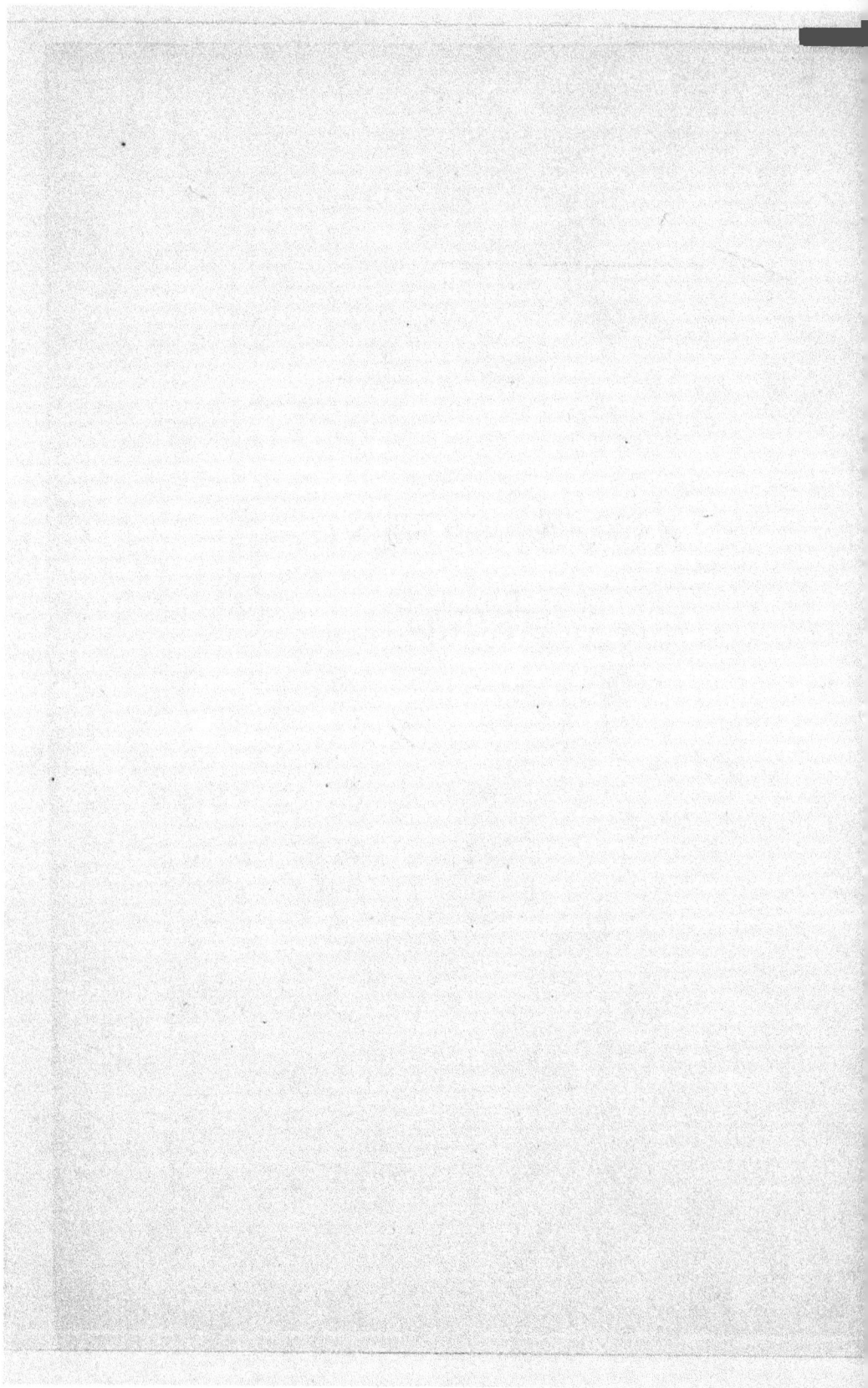

AQUARELLES ET PASTELS

93. — Vieilles Maisons en Normandie.

Aquarelle.

1832.   H. 29 c.; L. 21 c.

94. — Le Château de Chambord.

Aquarelle.

1833.   H. 17 c.; L. 30.

95. — Une Tourelle du château de Blois.

Aquarelle.

1833.   H. 29 c.; L. 22 c.

96. — Enfants cherchant des nids dans un bois.

Aquarelle.

1836-1838.   H. 39 c.; L. 20 c.

97. — Sommet des gorges d'Apremont couronné
de bouleaux & vue plongeante sur la
futaie & les plaines de Clairebois (Fontainebleau).

Dessin commencé en 1840 & repris à différentes
époques (aquarelle).

1840-1860.   H. 18 c.; L. 29 c.

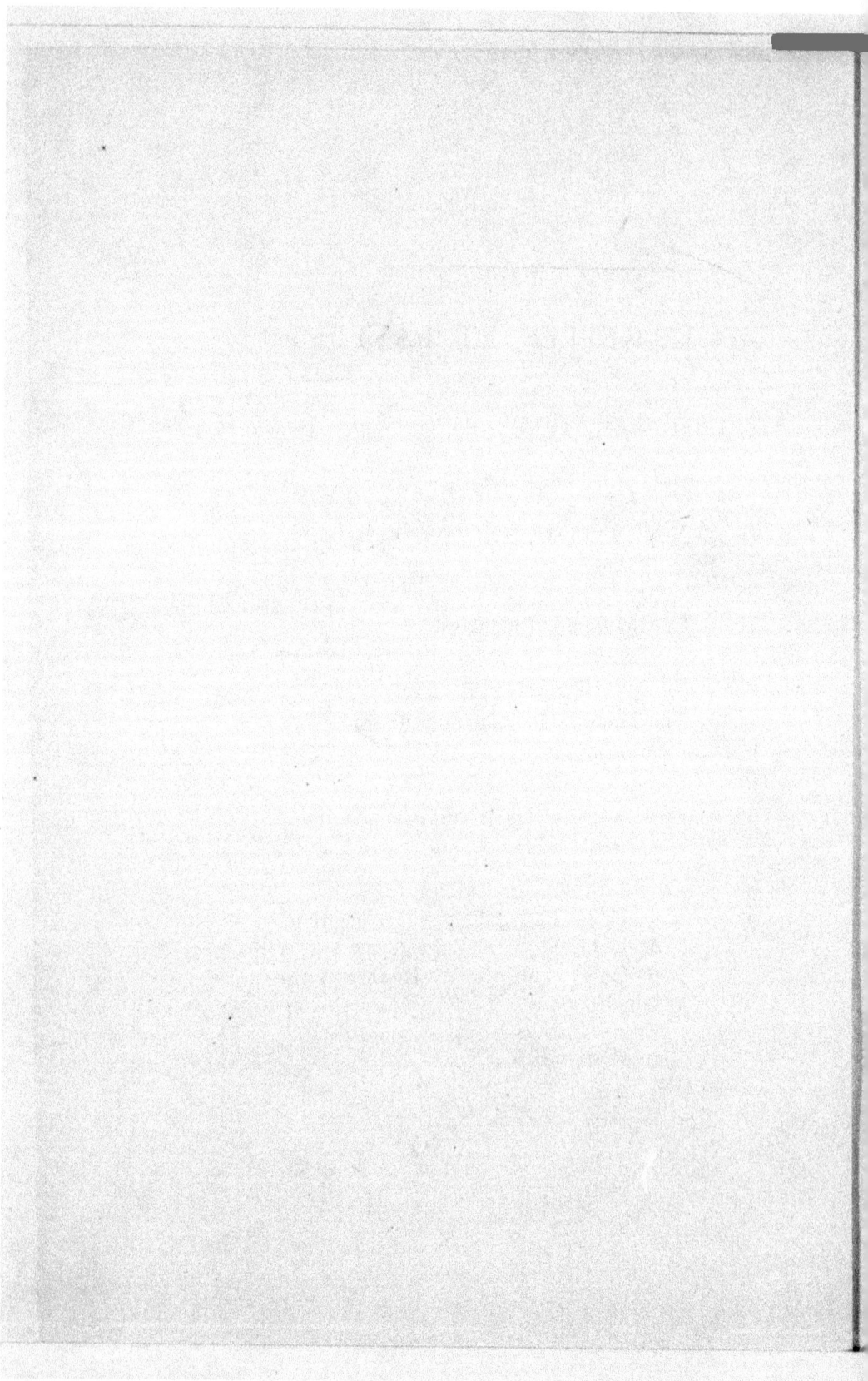

AQUARELLES ET PASTELS

93. — Vieilles Maisons en Normandie.

   Aquarelle.
   1832.   H. 29 c.; L. 21 c.

94. — Le Château de Chambord.

   Aquarelle.
   1833.   H. 17 c.; L. 30.

95. — Une Tourelle du château de Blois.

   Aquarelle.
   1833.   H. 29 c.; L. 22 c.

96. — Enfants cherchant des nids dans un bois.

   Aquarelle.
   1836-1838.   H. 39 c.; L. 20 c.

97. — Sommet des gorges d'Apremont couronné
       de bouleaux & vue plongeante sur la
       futaie & les plaines de Clairebois (Fon-
       tainebleau).

   Dessin commencé en 1840 & repris à différentes
   époques (aquarelle).
   1840-1860.   H. 18 c.; L. 29 c.

4

98. — Vieux Chêne.

Aquarelle.

1840-1842.   H. 13 c.; L. 21 c.

99. — Forêt dans le Berri.

Aquarelle rehaussée de gouache.

1842.   H. 10 c.; L. 15.

100. — Bords de l'Oise.

Aquarelle.

1844.   H. 14 c.; L. 23 c.

101. — Route montante des Longues-Vallées (forêt de Fontainebleau).

Aquarelle.

1848-1850.   H. 28 c.; L. 20 c.

102. — Le Chêne des Monts-Girard.

Dessin au pastel.

1852.   H. 13 c.; L. 18 c. 1/2.

103. — Bords de la Seine; à droite, un village.

Aquarelle.

1860.   H. 22 c.; L. 31 c. 1/2.

104. — Mare & Chaumière en Picardie.

Aquarelle.

1860.   H. 11 c.; L. 13 c. 1/2.

105. — Chemin couvert en Picardie.

Aquarelle.

1860.   H. 12 c. 1/2; L. 10 c. 1/2.

106. — Bords de la Seine; bois au pied d'un coteau.

Aquarelle.

1860. H. 21 c. 1/2; L. 32 c. 1/2.

107. — Chaumière près Bohain & Cour d'habitation rustique (Picardie).

Aquarelle.

1857. H. 8 c. 1/2; L. 14 c.

108. — Chaumières à Becquigny.

Aquarelle.

1857. H. 8 c. 1/2. L. 14 c.

109. — Petite Place du village de Bohain, en Picardie.

Aquarelle.

1857. H. 11 c.; L. 15 c.

110. — Chaumière en Picardie.

Aquarelle.

1860. H. 10 c.; L. 15 c.

111. — Pâtur ges dans les montagnes du Jura.

Dessin à la plume rehaussé d'aquarelle.

1861–1862. H. 13 c.; L. 18 c.

112. — Plaine dans la Franche-Comté.

Aquarelle.

1862. H. 10 c. 1/2; L. 16 c.

113. — Vallée & petite rivière du Fay, dans le Berri.

Ancien dessin repris à l'aquarelle en 1862.

H. 9 c.; L. 16 c. 1/2.

114. — Petite ville dans le Jura.

Aquarelle.

1862.   H. 21 c.; L. 32 c. 1/2.

115. — Bords du lac de Morat.

Aquarelle

1862.   H. 6 c. 1/2; L. 14 c.

116. — Prairies de Velotte. Environs de Besançon.

Aquarelle.

1862-1863.   H. 13 c. 1/2; L. 25 c.

117. — Tuilerie à Saint-Ferjeux (Doubs).

Aquarelle.

1863.   H. 13 c.; L. 21.

118. — Route de Beurre à Salins (Doubs).

Aquarelle.

1863.   H. 6 c. 1/2; L. 13 c.

119. — Vallée de Saint-Ferjeux, (Doubs).

Aquarelle.

1863.   H. 17 c. 1/2; L. 32 c.

120. — Vaches au bord d'une rivière.

Aquarelle.

1863.   H. 8 c.; L. 12 c. 1/2.

121. — Le Bout-du-Monde : ravin dans le Jura.

Aquarelle.

1863.   H. 12 c.; L. 17 c. 1/2.

122. — Torrent du Lizon, près de Salins (Jura).

Aquarelle.

1863.   H. 20 c.; L. 13 c. 1/2.

123. — Rochers & Rivière de la Loue (Doubs).

Aquarelle remarquable.

1863.   H. 14 c.; L. 20 c.

124. — Route de Beurre à Quinjey (Doubs).

Aquarelle.

1863.   H. 6 c. 1/2; L. 13 c.

125. — Chaumière à Velotte (Doubs).

Aquarelle.

1863.   H. 8 c.; L. 14 c.

126. — Chaumières. Environs de Besançon.

Aquarelle.

1863.

127. — Village & Église de Beurre (Franche-Comté).

Aquarelle.

1863.   H. 18 c.; L. 25 c.

128. — Chaumière à Arbonne.

Aquarelle.

1863.   H. 13 c.; L. 20 c. 1/2.

129. — Sentier dans les Barbizonnières.

Aquarelle.

1864.

130. — Sortie du bois de Macherin sur la plaine de Barbizon.

Aquarelle.
Cette œuvre est une des plus remarquables de la collection.

1864.   H. 13 c.; L. 21 c.

131. — Sentier dans la plaine de Barbizon.

Indication à l'aquarelle.

1864-1865.   H. 20 c.; L. 18 c.

132. — Bois & plaine sur la route de Fleury à Barbizon.

Aquarelle.

1864.   H. 9 c. 1/2; L. 16 c.

133. — Sortie du bois de Macherin & vue sur les gorges d'Arbonne.

Aquarelle.

1864.   H. 10 c.; L. 16 c.

134. — Un arc-en-ciel dans la plaine de Chailly.

Aquarelle.

1865.   H. 12 c.; L. 15 c.

135. — Plaine couverte de blés à Barbizon.

Aquarelle.

1865.   H. 9 c. 1/2; L. 16 c.

136. — Petit bois de la Belle-Marie & champs en culture à Barbizon.

Aquarelle.

1865.   H. 9 c. 1/2; L. 16 c.

137. — Le Rageur. Vieux chêne sur les bruyères des gorges d'Apremont.

Ancien dessin repris à l'aquarelle en 1865.

H. 9 c. 1/2; L. 28 c.

138. — Bruyères & Bouleaux dans les gorges
        d'Apremont.

   Aquarelle.

1865 - 1866.   H. 13 c. 1/2 ; L. 16 c.

139. — Deux Projets de tableaux.

   Indications au pastel.

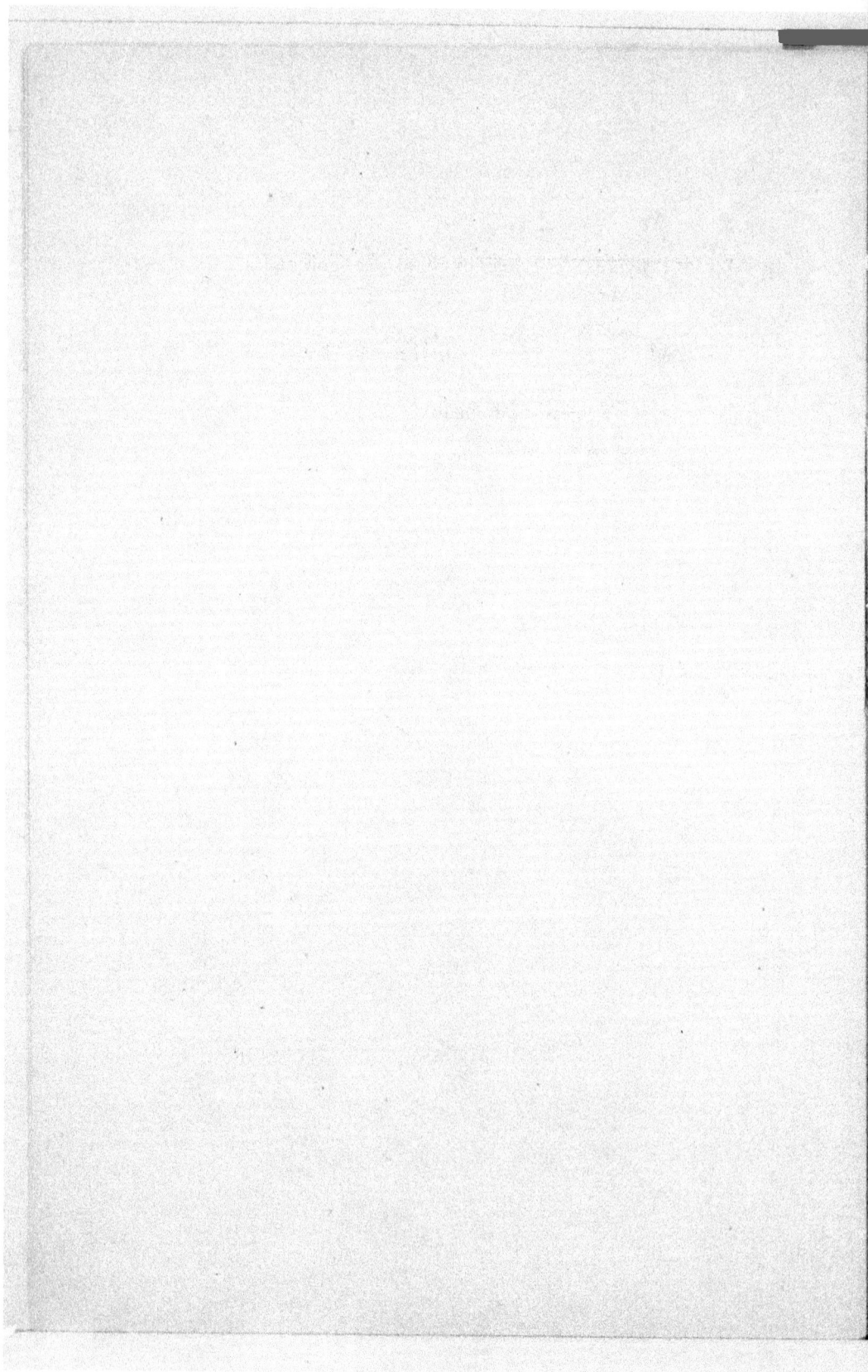

LAVIS, SÉPIAS

ET DESSINS

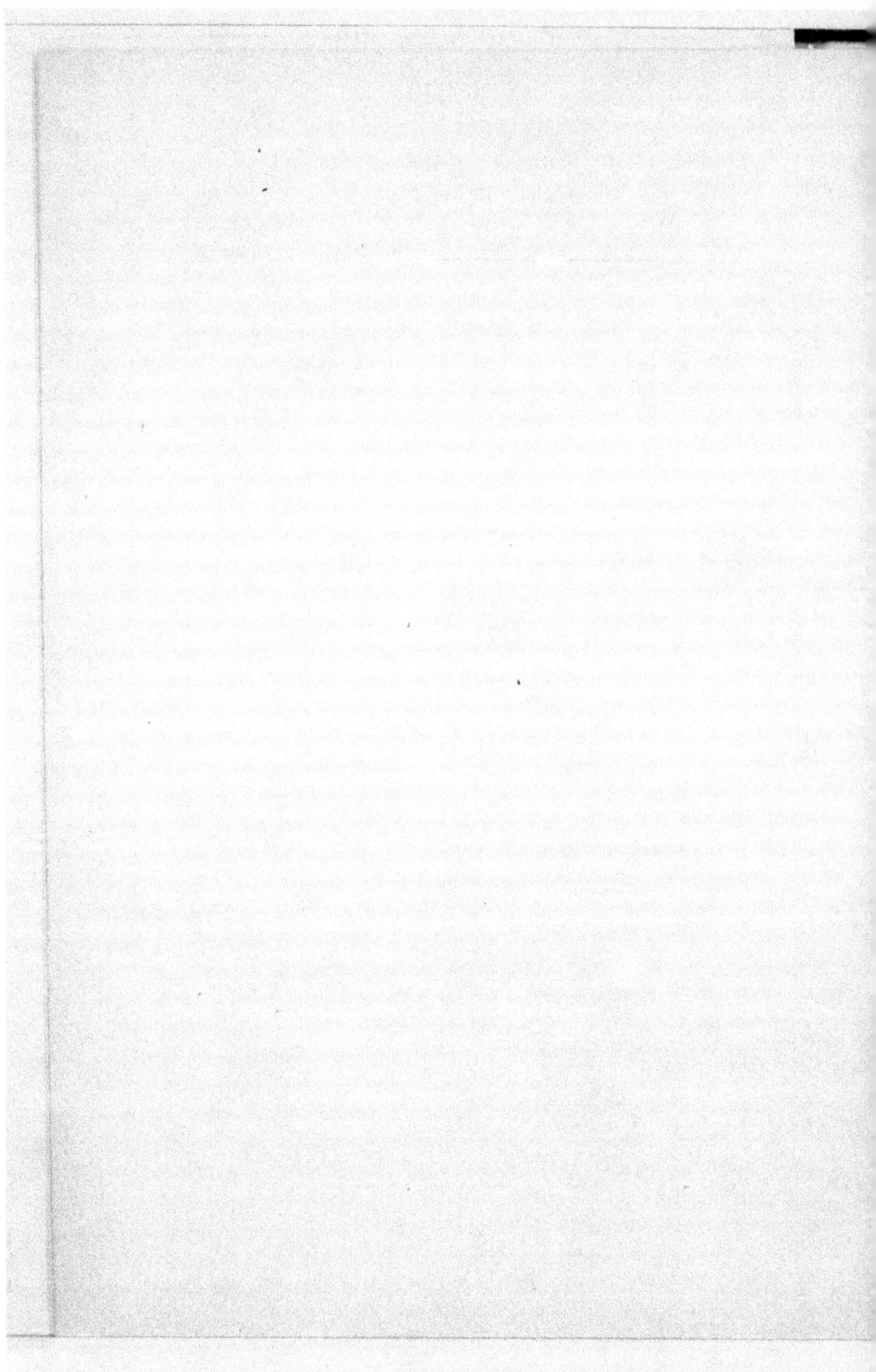

LAVIS, SÉPIAS & DESSINS

A L'ENCRE DE CHINE

AU CRAYON & A LA MINE DE PLOMB, &c.

AUVERGNE

(1830)

140. — Usines & Maisons à Thiers.
>   Dessin à la mine de plomb.
>   1830.

141. — Une Maison à Thiers.
>   Dessin à la mine de plomb.
>   1830.   H. 20 c. 1/2; L. 30 c.

142. — Village d'Auvergne.
>   Dessin à la mine de plomb.
>   1830.

143. — Vue prise à Thiers.
>   Dessin à la mine de plomb.

NORMANDIE

GRANVILLE, MONT-SAINT-MICHEL

(1831-1833)

144. — Bateaux sur la plage, à Granville.

Dessin à la mine de plomb.

1831.   H. 28 c.; L. 41 c.

145. — Vue de Granville.

Dessin à la mine de plomb.

146. — Un Pont dans une petite ville de Normandie.

Dessin à la mine de plomb.

147. — Entrée d'une petite ville de Normandie.

Dessin à la mine de plomb.

148. — Le Château Gaillard, près des Andelys.

Dessin à la mine de plomb.

149. — Les Bords de la Seine, près de Rouen.

Dessin à la mine de plomb.

150. — Église & Maisons délabrées en Normandie.

Dessin à la mine de plomb.

151. — Granville ; étude de barques.

Dessin à la mine de plomb.

152. — Petit Village de pêcheurs au bord de la mer, en Normandie.

Dessin à la mine de plomb.

153. — Rouen ; vue prise de la côte de Sainte-Catherine.

Dessin à la mine de plomb.

154. — Vieilles Maisons en colombage.

Dessin à la mine de plomb.

155. — Petite Ville fortifiée sur le bord de la mer.

Dessin à la mine de plomb.

156. — Le Mont-Saint-Michel.

Dessin à la mine de plomb.

1833.

157. — Barques & Village en Normandie.

Deux études sur la même feuille.

BERRI

(1842)

158. — Un Bois dans le Berri.

Dessin au crayon noir.

1842.

159. — Coteau couvert de châtaigniers (Berri).

Dessin au crayon noir.

1842.

160. — Landes près la Souterraine (Berri).

Dessin à la plume.

1842.

H. 10 c.; L. 18 c.

161. — Pont rustique sur la Bouzane (Berri).

Dessin sur papier végétal.

162. — Plaine & rivière du Fay.

Dessin sur papier végétal.

163. — Sentier au Fay, dans des terrains rocheux (Berri).

Dessin rehaussé.

H. 28 c.; L. 44 c.

164. — Vue prise au Fay, sur les bois de Villebussière.

Dessin rehaussé.

1842.

H. 10 c.; L. 17 c.

165. — Groupe d'arbres à Boisrémond (Berri).

Dessin rehaussé.

H. 11 c.; L. 25 c.

166. — Marais à Villebussière (Berri).

Dessin au crayon noir.

H. 34 c.; L. 55 c.

167. — Route à travers les bois de Villebussière.

Dessin rehaussé.

168. — Chemin à travers bois allant du Fay à
Saint-Paul (Berri).

Dessin rehaussé.

H. 26 c.; L. 42 c. 1/2.

169. — Mare à Boisrémond (Berri).

Dessin rehaussé.

170. — Lisière de bois à Tendu (Berri).

Dessin rehaussé.

H. 25 c.; L. 42 c.

171. — Lisière de forêt à Boisrémond (Berri).

Dessin au crayon noir.

H. 26 c.; L. 43 c.

172. — Groupe d'arbres & pacage dans le Berri.

Dessin rehaussé.

173. — Chênes près d'une mare, à Tendu (Berri).

Dessin rehaussé.

H. 26 c. 1/2; L. 44 c.

174. — Marais dans la plaine de la Souterraine.

Dessin rehaussé.

H. 26 c. 1/2; L. 43 c.

175. — Petite rivière du Fay (Berri).

Dessin rehaussé.

H. 24 c. 1/2; L. 42 c.

176. — Un grand Chêne sur le bord d'une rivière,
au Fay.

Dessin rehaussé.

H. 26 c. 1/2; L. 45 c.

177. — Pacage à Villebussière.

> Dessin rehaussé.
>
> H. 25 c.; L. 36 c.

178. — Petite route de Saint-Paul (Berri).

> Dessin rehaussé.
>
> H. 11 c. 1/2; L. 17 c.

179. — Coteau couvert de châtaigniers (Berri).

> Dessin au crayon noir.

180. — Route sous bois à Tendu (Berri).

> Dessin rehaussé.
>
> H. 16 c.; L. 27 c.

181. — Mare & groupe d'arbres près le moulin Brachot (Berri).

> Dessin à la plume.
>
> H. 11 c.; L. 18 c.

182. — Pacage & marais à la Souterraine.

> Dessin rehaussé.
>
> H. 14 c.; L. 27 c.

183. — Chemin du Fay à la Tuilerie (Berri).

> Dessin au crayon noir.
>
> H. 22 c.; L. 30 c.

184. — Groupe d'arbres; plaine de Selon (Berri).

> Dessin au crayon noir.
>
> H. 17 c.; L. 28 c.

185. — Souvenir du Fay (Berri).

> Dessin à la plume.
>
> H. 7 c. 1/2; L. 21 c. 1/2.

186. — Troncs d'arbres au pacage Delaneau.

> Dessin rehaussé.
>
> H. 30 c.; L. 47 c.

187. — Lisière de bois (Berri).

> Dessin au crayon noir.
>
> H. 24 c.; L. 31 c.

188. — Groupe d'arbres dans le pacage de Pois (Berri).

> Dessin au crayon noir.
>
> H. 30 c.; L. 46 c.

189. — Chemin allant de Boisrémond à la métairie de Pois.

> Dessin à la plume.
>
> H. 8 c.; L. 13 c. 1/2.

190. — Landes à Boisrémond.

> Dessin rehaussé.
>
> H. 25 c.; L. 46 c. 1/2.

191. — Pacage & châtaigneraie à Boisrémond (Berri).

> Dessin au crayon noir.
>
> · H. 27 c.; L. 42 c. 1/2.

192. — Groupes d'arbres près le Fay (Berri).

> Dessin.

193. — Marais près Saint-Benoît-du-Sault (Berri).

> Dessin rehaussé.
>
> H. 12 c.; L. 26.

194. — Mare près la métairie de Pois (Berri).

Dessin rehaussé.

H. 14 c. ; L. 21 c.

195. — Bords d'une rivière dans le Berri.

Dessin rehaussé.

H. 29 c. ; L. 45 c.

196. — Souvenir du Berri.

Dessin à la plume.

1864.

H. 9 c. 1/2 ; L. 12 c.

197. — Souvenir de Sologne.

Dessin à la plume.

1864.

198. — Bois & terrains marécageux dans le Berri.

Dessin rehaussé.

1864.

199. — Souvenir du Berri.

Dessin à la plume.

200. — Vue prise dans la Creuse.

Dessin à la plume rehaussé d'aquarelle.

1864.

201. — Pacage en Berri.

Dessin.

202. — Souvenir du Berri.

Dessin à la plume.

1864.

H. 12 c. ; L. 18 c.

LANDES

(1845)

203. — Ferme sous des chênes près Bégard.

Dessin au crayon noir.

1845.   H. 50 c.; L. 53 c.

204. — Métairie à Tartas.

Dessin au crayon noir.

1845.   H. 49 c.; L. 76 c.

205. — Un Hameau dans les landes.

Dessin.

1845.   H. 31 c.; L. 50 c.

206. — Maisons sous un bouquet de pins dans les environs de Tartas.

Dessin au crayon noir.

H. 35 c.; L. 55 c.

207. — Lisière de bois & landes.

Dessin rehaussé.

H. 26 c.; L. 43 c.

208. — Habitations sous des chênes (dans les landes).

Belle étude très-poussée, sur papier végétal.

209. — Vue des Pyrénées.

Dessin.

PICARDIE

(1857-1860)

210. — Village de Becquigny.

Dessin à la plume.

26 juin 1857.   H. 17 c.; L. 28 c.

211. — Entrée de village à Becquigny.

Dessin à la plume.

1857.   H. 21 c.; L. 27 c.

212. — Rue de village en Picardie.

Dessin à la plume.

1857.

213. — Chaumières sous des arbres en Picardie.

Lavis.

1857.

214. — Souvenir de Picardie.

Dessin à la plume.

1866.

215. — Village en Picardie.

Dessin à la plume.

1860.

216. — Une Chaumière (souvenir de Picardie).

Dessin à la plume.

1864.   H. 16 c.; L. 11 c. 1/2.

217. — Souvenir de Picardie.

Lavis.

H. 11 c.; L. 14 c. 1/2.

218. — Souvenir de Picardie.

Dessin à la plume.

FRANCHE-COMTÉ

(DOUBS, JURA)

(1834-1861-1862-1863)

219. — Les Prés-bois dans la Franche-Comté.

Sépia.

1862.

H. 20 c.; L. 31 c.

220. — Route de Poligny.

Dessin à la plume.

1862.

221. — Cours de la Loue.

Dessin à la plume.

1862-1863.

H. 13 c.; L. 20 c. 1/2.

222. — Vue prise à Fontaine-Écu, près Besançon.

Dessin à la plume.

1863.

H. 16 c. 1/2; L. 25 1/2.

223. — Vue de l'extrémité orientale de la chaîne du mont Blanc.

Dessin à la plume.

1863.

H. 23 c.; L. 31 c.

224. — Vue des Alpes & du lac de Genève.

Le mont Blanc est en partie caché par les nuages.
Dessin.

1863.   H. 22 c.; L. 30 c.

225. — Vue prise de la Faucille.

Le lac de Genève est caché par les premiers plans.
Dessin.

1863.   H. 22 c.; L. 30 c.

226. — Les Prés bois (Franche-Comté).

Dessin à la plume.

227. — Habitation aux environs de Besançon.

Dessin à la plume.

228. — Chalet & pâturages dans le Jura.

Dessin à la plume.

1863.   H. 13 c.; L. 20 c.

229. — Les Sources du Lizon.

Dessin à la plume.

230. — Sources du Lizon, près Salins (Jura).

Grand dessin au trait & à la plume.

H. 39 c.; L. 47 c.

231. — Vallée dans le Jura.

On aperçoit une partie de la chaîne du mont Blanc
à travers deux escarpements de rochers.
Dessin à la mine de plomb.

1863.

232. — Vue de la chaîne du mont Blanc avec la
route tournante de la Faucille.

Dessin.

1863. H. 21 c.; L. 33 c.

233. — Moulins en Franche-Comté.

Dessin à la plume.

234. — Habitations aux environs de Saint-Ferjeux (Franche-Comté).

Dessin légèrement teinté d'aquarelle.

H. 13 c.; L. 21 c.

235. — Vallée du Doubs.

Dessin à la plume.

H. 30 c.; L. 46 c.

236. — Le mont Blanc & le lac de Genève; vue
de la Faucille.

Dessin.

1863. H. 28 c.; L. 30 c.

FORÊT DE COMPIÈGNE

ET ENVIRONS (1831-1836)

237. — Batigny, près Compiègne; arbres & maisons.

Dessin.

1831. H. 12 c.; L. 20 c.

238. — Bords de l'Oise.

Dessin à la plume.

1856.   H. 8 c. 1/2; L. 12 c.

239. — Souvenir de Compiègne.

Dessin à la plume.

1866.

240. — Souvenir de Compiègne.

Dessin à la plume.

1866.

241. — Souvenir de Compiègne.

Dessin à la plume.

1866.

242. — Environs de Compiègne.

Dessin à la plume.

1866.

243. — Un Étang aux environs de Compiègne.

Dessin à la plume.

1866.

244. — Vue prise dans les environs de Compiègne.

Dessin à la plume.

1866.

DIVERS

245. — Moulin à Saint-Ouen.

Dessin à l'huile.

1832.   H. 32 c. ; L. 43 c.

246. — Château de Chambord.

> Dessin.

1832.

247. — Canal du Loing.

> Dessin à la plume.

1848-1850.   H. 13 c.; l. 20 c.

248. — Bords de la Seine, près Melun.

> Dessin à la plume.

1853.   H. 22 c.; L. 29 c.

FORÊT DE FONTAINEBLEAU

249. — Clairière dans la forêt de Fontainebleau

> Dessin à la mine de plomb.

1836-1838.

250. — Dessous de bois dans le Bas-Bréau.

> Dessin à la mine de plomb.

1836-1838.

251. — Terrains & Lichens dans les gorges d'Arbonne.

> Dessin rehaussé.

1838.   H. 20 c.; L. 28 c.

252. — Le Chêne & le Carrefour de la Reine-Blanche.

> Effet d'hiver; dessin à la plume.

1838.   H. 20 c.; L. 36 c.

253. — Un Bouleau des gorges d'Apremont.

> Sépia.

1838-1840.   H. 16 c. 1/2; L. 25 c.

254. — Étude de hêtres (intérieur du Bas-Bréau).

Dessin à la mine de plomb.

1837-1838.

255. — Les Gorges d'Apremont.

Dessin à la plume.

1838-1840.   H. 17 c.; L. 25 c.

256. — Bouleau aux Écouettes; effet d'hiver.

Dessin à la plume.

1838.

257. — Route à travers la futaie de la mare aux Évées.

Dessin à la mine de plomb.

1838-1840.

258. — Mare à Belle-Croix.

Dessin a la mine de plomb.

1840.

259. — Vieux chêne & sentier au mont Chauvet.

Dessin à la mine de plomb.

1840.

260. — Vue des monts Girard; effet d'hiver.

Dessin à la plume.

1838-1840.   H. 20 c.; L. 28 c. 1/2.

261. — Chênes & bouleaux du Dormoir.

Dessin au crayon noir.

262. — Chênes de la futaie du Déluge.

Crayon noir.

1840.

263. — Arbre penché sur la grande route de
Fontainebleau.

Dessin au crayon noir.

1840-1842.

264. — Plateau de Belle-Croix; effet de givre.

Dessin rehaussé.

1840.

265. — Bouleaux du Jean-de-Paris.

Dessin au crayon.

1840.

266. — Étude d'arbres dans la futaie de la mare
aux Évées.

Dessin au crayon noir.

1840.

267. — Étude de vieux bouleau.

Dessin au crayon noir.

1840.

268. — Mare aux Corneilles.

Dessin rehaussé de blanc.

1840.

269. — Étude dans la futaie de la mare aux Évées.

Dessin au crayon noir.

1840.

270. — Les arbres du Dormoir.

Dessin à la plume.

1840.   H. 16 c.; L. 24 c.

271. — Étude à la mare aux Évées.

Crayon noir.

1841.

272. — Chênes du Bas-Bréau, à l'extrémité de l'allée aux Vaches.

Dessin.

1844.

273. — Entrée de futaie au carrefour de l'Épine.

Dessin à la mine de plomb.

1840-1842.

274. — Chênes & rochers à la fontaine Sanguinède.

Dessin a la mine de plomb.

1840-1842.

275. — Chêne abattu par la tempête sur la lisière de Clairbois.

Dessin à la mine de plomb.

1840-1842.

276. — Hêtre sur le chemin de Franchard.

Dessin au crayon noir.

1840-1842.

277. - Étude à la mare aux Évées.

Crayon noir.

1840-1842.

278. — Sentier à la descente des monts Girard.

Crayon noir.

1843.

279. — Vieux Chêne dans les gorges d'Apremont.

Crayon noir.
1843-1844.

280. — Hêtres & rochers de la vallée de la Sole.

Grand dessin au crayon noir.
1846-1848.

281. — Hêtre près de la Reine-Blanche.

Dessin au crayon noir.
1846-1848.

282. — Vieux Chêne à la fontaine du mont Chauvet.

Dessin à la plume.
1847-1848.

283. — Chêne à l'entrée du vieux Bas-Bréau.

Dessin à la mine de plomb.
1846-1848.   H. 21 c.; L. 28 c. 1/2.

284. — Intérieur de futaie.

Dessin rehaussé de couleur à l'huile.
1846-1848.

285. — Lisière du Bas-Bréau sur la route de Chailly.

Dessin au crayon noir.
1846-1848.

286. — Bruyères des gorges d'Apremont & vue des arbres du Dormoir.

Dessin à la mine de plomb.
1846-1848.

287. — Dormoir des gorges avant la plantation des pins.

Dessin au crayon noir.

1848-1850.

H. 18 c.; L. 28 c.

288. — Le Pavé de Chailly (Fontainebleau).

Dessin au crayon noir.

1848-1850.

289. — Étude au bistre.

Première idée du tableau de la Mare à Dagnau.

1848-1850.

H. 20 c.; L. 30 c.

290. — Chênes des gorges d'Apremont.

Petit dessin à la plume.

1850.

291. — Hêtre sur le bord d'une route au Bas-Bréau.

Dessin au crayon noir.

1850.

292. — Haute futaie du Déluge.

Dessin à la mine de plomb.

1850.

H. 15 c.; L. 20 c.

293. — Clairière de la Reine-Blanche.

Dessin à la mine de plomb.

1850-1851.

H. 15 c. 1/2; L. 23 c.

294. — Le Dormoir.

> Dessin à l'encre.

1850-1852.   H. 10 c. 1/2 ; L. 15 c.

295. — Étude sur le pavé de Chailly (forêt de Fontainebleau).

> Dessin au crayon noir.

1852.

296. — Sentier à travers les rochers du Jean-de-Paris.

> Dessin à la plume.

1852.   H. 13 c. ; L. 20 c.

297. — Route dans les genévriers ; effet d'hiver.

> Dessin rehaussé.

1852-1853.   H. 20 c. ; L. 28 c.

298. — Les grands chênes du carrefour de la Reine-Blanche.

> Dessin à la plume & mine de plomb.

1850-1852.

299. — Vue prise des hautes plaines.

> Lavis à l'encre de Chine.

1854.   H. 19 c. ; L. 25 c. 1/2.

300. — Coup de soleil dans une clairière du Bas-Bréau.

> Lavis.

1854.   H. 19 c. ; L. 26 c.

301. — Sentier sous bois allant au point de Vue-
du-Camp.

Lavis.

1854.   H. 19 c.; L. 26 c.

302. — Chêne abattu par l'orage.

Lavis.   H. 19 c.; L. 26 c.

1854-1855.

303. — Chemin des carriers de l'Épine au rocher
Cuvier-Châtillon.

Lavis.   H. 19 c.; L. 26 c.

1854.

304. — Hêtre foudroyé à l'entrée du Bas-Bréau,
près le Bornage des Mazettes.

Lavis.   H. 25 c.; L. 19 c.

305. — Étude de chêne.

1854-1856.   H. 15 c. 1/2; L. 23 c.

306. — Le Pavé de Chailly.

Lavis.

1855-1856.   H. 11 c. 1/2; L. 17 c. 1/2.

307. — Sous bois.

Dessin à la mine de plomb.

1855-1856.

308. — Le Hêtre foudroyé.

Lavis.

1855-1856.

309. — La route à Briquet.

Lavis.

1856.   H. 11 c. 1/2; L. 18 c.

310. — Bouquet d'arbres dans le Cuvier-Châ-
        tillon; massif de chênes.

Lavis.

1856.   H. 19 c.; L. 26 c.

311. — Vieux Chênes au carrefour de l'Épine.

Lavis.

1855.   H. 19 c.; L. 26 c.

312. — Petit bois de la mare à Piat.

Lavis à l'encre de Chine.

1855.

313. — Lisière du Bas-Bréau & plaine de Clai-
        rebois.

Lavis.

1855.   H. 18 c.; L. 26 c.

314. — Le grand genévrier du Cuvier-Châtillon.

Lavis à l'encre de Chine.

1856.   H. 19 c.; L. 26 c.

315. — Dessous de bois à la Reine-Blanche.

Lavis.

1855.   H. 21 c.; L. 29 c.

316. — Vue prise au carrefour de l'Épine.

Lavis.

1855.   H. 19 c.; L. 26 c.

6

317. — Bouquet de chênes au carrefour de l'Épine.

Lavis.
1855-1856.   H. 19 c.; L. 27 c.

318. — Le Dormoir; dessous d'arbres.

Lavis à l'encre de Chine.
1855-1856.   H. 19 c.; L. 26 c.

319. — Route du Sanglier (forêt de Fontainebleau).

Lavis.
1855-1856.   H. 19 c.; L. 26 c. 1/2.

320. — Le Bouleau du carrefour de la Reine-Blanche.

Dessin à la mine de plomb.
1856.   H. 15 c.; L. 23 c. 1/2.

321. — Chêne de la mare à Dagnan.

Dessin a la mine de plomb.
1856.

322. — Lisière du Bas-Bréau; effet d'hiver.

Grand dessin au crayon noir.
1856.

323. — Intérieur du Bas-Bréau; effet d'hiver.

Dessin au crayon noir.
1856.

324. — Les Chênes du plateau de Belle-Croix.

Lavis.
1856.

325. — Sentier menant au Cuvier-Châtillon.

Lavis.

1856.   H. 19 c.; L. 26 c.

326. — Vieux Chênes sur la route de Paris à
Fontainebleau.

Lavis.

1856.   H. 19 c.; L. 26 c.

327. — Vue des gorges d'Arbonne, du plateau
de Macherin.

Lavis à l'encre de Chine.

1856-1857.   H. 18 c.; L. 27 c.

328. — La Mare à Piat; effet du soir.

Lavis à l'encre de Chine.

1856-1857.   H. 18 c.; L. 26 c.

329. — Les Chênes du vieux Bas-Bréau.

Dessin à la mine de plomb.

1857.

330. — Lisière du vieux Bas-Bréau.

Dessin & lavis à l'encre de Chine.

1857.   H. 19 c.; L. 26 c.

331. — Les grands chênes du vieux Bas-Bréau.

Superbe dessin à la plume, unique dans la collection.

1857.   H. 22 c.; L. 30 c.

332. — Entrée du Bas-Bréau, au carrefour de l'Épine.

Dessin à la plume lavé à l'encre de Chine.

1857.   H. 17 c.; L. 28 c. 1/2.

333. — Rochers du Jean-de-Paris avec vue sur les gorges d'Apremont.

Dessin à la plume.

1856-1858.

334. — Mares & chènes à Belle-Croix.

Dessin.

1858.

335. — Étude pour le chène de roche.

Dessin à la mine de plomb.

1858.

336. — Le Chène de roche.

Dessin à l'encre de Chine.

1858.   H. 70 c.; L. 1 m.

337. — Le Chène de roche.

Dessin à la mine de plomb.

1859.

338. — Étude d'arbres (forêt de Fontainebleau.)

Dessin.

1860.

339. — Le Chène penché; étude.

Dessin à la plume.

1860.

340. — Entrée de la vieille futaie de la Reine-
Blanche.

Dessin à la plume.
1860.   H. 12 c.; L. 20 c.

341. — Un Chêne des ventes Alexandre.

Dessin à la plume.
1865.

342. — Bouleaux & rochers du Jean-de-Paris.

Dessin rehaussé de quelques touches d'aquarelle.
1865-1866.   H. 13 c.; L. 20 c. 1/2.

VILLAGE DE BARBIZON

ET ENVIRONS

343. — Bruyère & entrée de bois.

Dessin.
1842.

344. — Hameau aux environs de Barbizon.

Dessin.
1844.

345. — Montigny; effet du matin.

Dessin à la plume.
1846.   H. 16 c. 1/2; L. 24 c.

346. — Tournant de la route de Macherin.

Fusain.

1850-1852.

347. — Le Chemin d'Arbonne à Macherin.

Dessin à la plume.

1854.   H. 20 c.; L. 28 c.

348. — Mare dans la lande d'Arbonne.

Lavis.

1855.

349. — Un soir orageux dans la plaine de Barbizon.

Lavis.

1855.   H. 19 c.; L. 27. c.

350. — Parc à moutons ; effet de matin dans la plaine de Chailly.

Lavis.

1855-1856.   H. 19 c.; L. 27 c.

351. — Petit bois & pommiers de la Belle-Marie.

Dessin à l'encre de Chine.

1858.

352. — Plaine de Barbizon, avec berger & troupeau.

Dessin au crayon.

1858-1860.

353. — Environs de Barbizon.

Dessin.

1859-1860.   H. 13 c.; L. 20 c.

354. — Lisière de bois.

Dessin à la plume.

1859-1860.   H. 12 c.; L. 18 c.

355. — Sentier allant au montoir de Macherin.

Dessin à la plume.

1860.

356. — Sentier montant à la cave à Tixier.

Dessin à la plume.

1860.

357. — Arbres & roches au rocher Canon.

Dessin.

1860.

358. — Landes & bois d'Arbonne; effet de soleil.

Sépia.

1860.   H. 13 c.; L. 19 c.

359. — Monticule rocheux & boisé (porte de Rochefort).

Dessin à la plume.

1863-1864.   H. 13 c.; L. 28 c.

360. — Maisons & plaine (aux environs de Reclose).

Pastel.

1864.   H. 12 c.; L. 20 c.

361. — Route & bois de Macherin.

1864-1865.

362. — Porte de jardin à Barbizon.

Dessin rehaussé.

1865.

363. — Landes près d'Arbonne (Environs de Fontainebleau).

Dessin à la plume.

H. 20 c.; L. 28 c.

364. — Plaine & bois de Perthe.

Dessin à la plume rehaussé.

H. 13 c.; L. 20 c. 1/2.

365. — Mare & petit bois (environs de Barbizon).

Dessin à la plume.

366. — Chênes & roches.

Dessin.

367. — Roches & bois de la Barbizonnière.

Dessin.

368. — La Passerelle.

Sépia.

1864.

369. — Enclos à Barbizon avec vue sur la plaine; effet du soir.

1864.

370. — Chênes & roches au bois de Roche-Moreau.

Dessin à la plume légèrement lavé.

1865.

H. 15 c.; L. 18 c.

DESSINS, ÉTUDES, CROQUIS

DE DIFFÉRENTES ÉPOQUES

EN LOTS

AUVERGNE ET NORMANDIE

1830-1832

371. — Six Dessins.

Études en Auvergne.
1830.

372. — Cinq dessins (Auvergne).

Études.
1830.

373. — Six dessins.

Études en Auvergne.

374. — Trois dessins.

Études en Auvergne.

375. — Quatre dessins.

Études en Auvergne.

376. — Quatre dessins.

Études en Auvergne.

377. — Trois dessins.

Études en Auvergne.

378. — Quatre dessins.

Études en Normandie.

1831-1832.

379. — Trois dessins.

Études en Normandie.

380. — Six dessins.

Études en Normandie.

381. — Trois dessins.

Études en Normandie.

382. — Six dessins faits à Granville.

Études sur le bord de la mer.

383. — Cinq dessins (Normandie).

BERRI

384. ·   Huit dessins.
1842.

385. — Deux dessins.
1842.

386. — Deux dessins.
1842.

387. — Cinq dessins.
1842.

388. — Six dessins.
1842.

389. — Six dessins.
1842.

390. — Six dessins.
1842.

391. — Six dessins.
1842.

392. — Cinq dessins.
1842.

393. — Trois dessins.
1842.

394. — Six dessins.
1842.

395. — Trois dessins.
1842.

396. — Cinq dessins.
1842.

397. — Quatre dessins.
1842.

398. — Six dessins.
1842.

399. — Trois dessins.
1842.

400. — Trois dessins.
1842.

401. — Huit dessins.
1842.

402. — Six dessins.
1842.

403. — Six dessins.
1842.

404. — Huit dessins (Berri & Sologne).
1842.

405. — Huit dessins (Berri & Sologne).
1842.

406. — Cinq dessins (Berri & Sologne).
1842.

407. — Six dessins (Berri & Sologne).
1842.

408. — Six dessins (Berri & Sologne).
1842.

LANDES, FRANCHE-COMTÉ

PICARDIE

409. — Trois dessins (Landes).
1844-1845.

410. — Dix dessins (Landes).

411. — Sept dessins (Landes).

412. — Six dessins (Landes).

413. — Six dessins (Landes).

414. — Un dessin (Landes).

415. — Quatre dessins (Landes).

416. — Études pour le tableau du Mont-Blanc.

Dix dessins.
1863.

417. — Habitations dans le Jura.

Deux dessins.
1863.

418. — Études dans le Jura & pour le tableau du Mont-Blanc.

Cinq dessins.
1863.

419. — Sept croquis faits dans le Jura.

1863.

420. — Quatre dessins faits dans le Jura.

1863.

421. — Six dessins faits dans le Jura.

1863.

422. — Trois dessins (Franche-Comté).

423. — Six dessins (Picardie).

424. — Cinq dessins (Picardie).

FORÊT DE FONTAINEBLEAU

425. — Sept dessins.

426. — Huit dessins.

427. — Sept dessins.

428. — Huit dessins.

429. — Sept dessins.

430. — Sept dessins.

431. — Neuf dessins.

432. — Dix dessins.

433. — Dix dessins.

434. — Dix dessins.

435. — Dix dessins.

436. — Six dessins.

437. — Sept dessins.

438. — Huit dessins.

439. — Sept dessins.

440. — Huit dessins.

441. — Dix dessins.

442. — Six dessins.

443. — Deux dessins.

444. — Un dessin.

445. — Cinq dessins.

446. — Quatre dessins.

447. — Trois dessins.

448. — Quatre dessins.

449. — Cinq dessins.

450. — Six dessins.

451. — Sept dessins.

452. — Six dessins.

453. — Sept dessins.

454. — Six dessins.

455. — Six dessins.

456 — Six dessins.

457. — Trois dessins.

458. — Cinq dessins.

459. — Huit dessins.

460. — Six dessins.

461. — Six dessins.

462. — Six dessins.

463. — Six dessins.

464. — Trois dessins.

465. — Trois dessins.

466. — Cinq dessins.

467. — Cinq dessins.

BARBIZON ET ENVIRONS

468. — Quatre dessins.

469. — Quatre dessins.

7

470. — Cinq dessins.

471. — Huit dessins.

472. — Six dessins.

473. — Six dessins.

474. — Six dessins.

475. — Six dessins.

476. — Six dessins.

477. — Six dessins.

478. — Cinq dessins.

479. — Environs de Barbizon.

Six dessins.

DESSINS

COMPOSITIONS DIVERSES

DERNIERS DESSINS

---

480. — Trois dessins (Compiègne).

481. — Cinq dessins.

482. — Quatre dessins (Fontainebleau).

483. — Deux grands dessins.
Crayon noir.

484. — Etudes d'arbres.
Deux dessins.

485. — Huit dessins.

486. — Cinq dessins.

487. — Sept dessins divers.

488. — Sept dessins.

489. — Sept dessins.

490. — Fermes sous des chênes.

Deux dessins crayon noir.

491. — Quatre dessins variés.

492. — Dix dessins.

493. — Huit dessins.

494. — Cinq dessins divers.

495. — Six dessins.

496. — Cinq dessins.

1864-1865.

497. — Cinq dessins.

1864-1865.

498. — Six dessins variés.

1864-1866.

499. — Six dessins variés.

1864-1866.

500. — Six dessins à la plume.

1864-1866.

501. — Six dessins divers.

1864-1866.

502. — Dix dessins variés.

1864-1866.

503. — Cinq dessins divers.

1864-1866.

504. — Cinq dessins divers.

1864-1866.

505. — Cinq dessins divers.

1864-1866.

506. — Six dessins divers.

1864-1866.

507. — Six dessins.

1864-1866.

508. — Six dessins.

1864-1866.

509. — Six dessins.

1864-1866.

510. — Six dessins.

1864-1866.

511. — Six dessins.

1864-1866.

512. — Six dessins.
1865-1866.

513. — Cinq dessins.
1865-1866.

514. — Quatre dessins.
1865-1866.

515. — Six dessins.
1865-1866.

516. — Six dessins.
1865-1866.

517. — Six dessins.

518. — Quatre dessins.
1829.

519. — Saules aux bords d'une rivière.
Indication au pastel.

520. — Soleil couchant
Indication au pastel.

521. -- Trois dessins à la plume.

522. — Trois dessins à la plume.

523. — Trois dessins à la plume.

524. — Quatre dessins à la plume.

525. — Quatre dessins à la plume.

526. — Cinq dessins.

527. — Sous ce numéro plusieurs lots de dessins
de diverses époques.

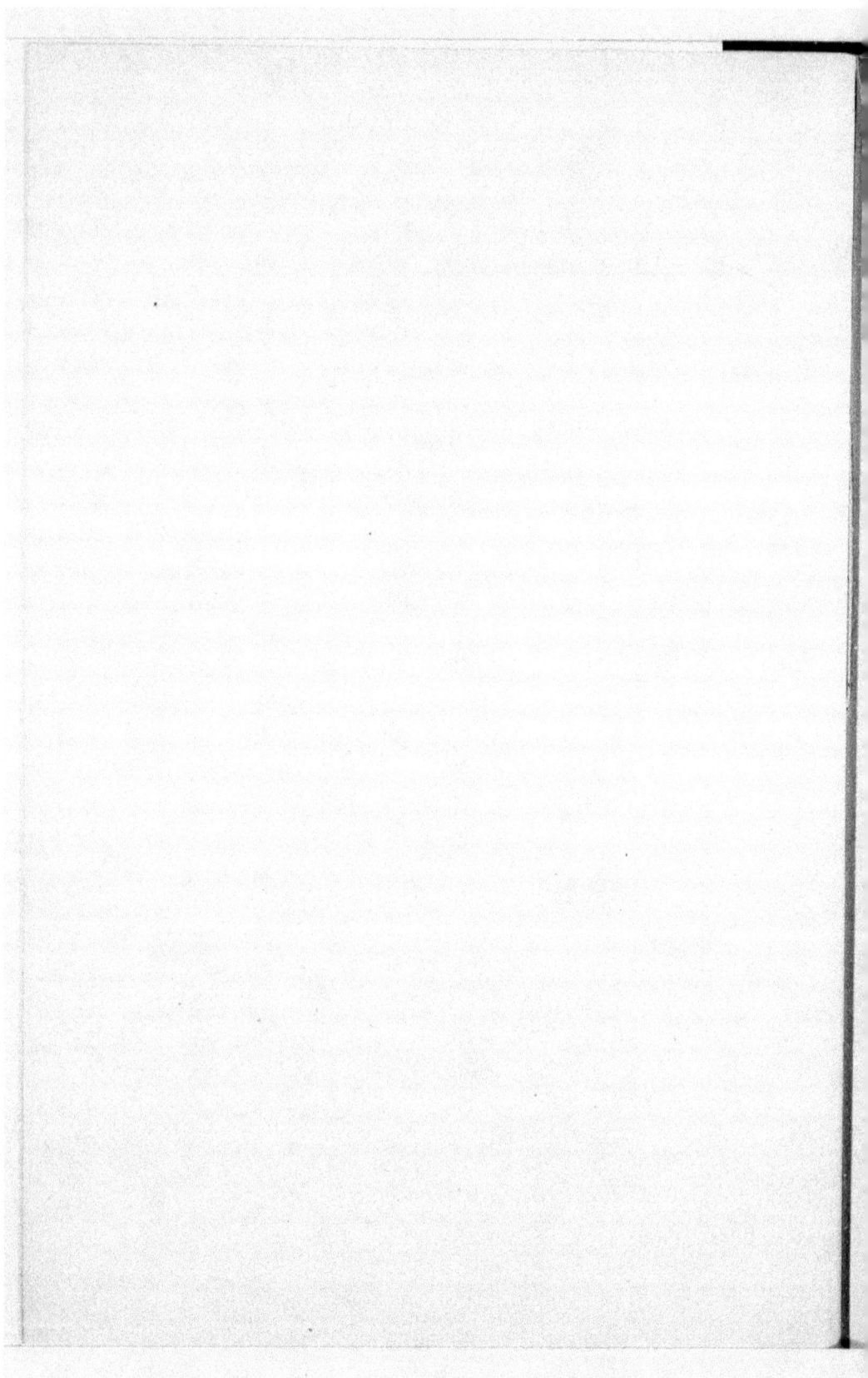

COLLECTION PARTICULIÈRE

DE

THÉODORE ROUSSEAU

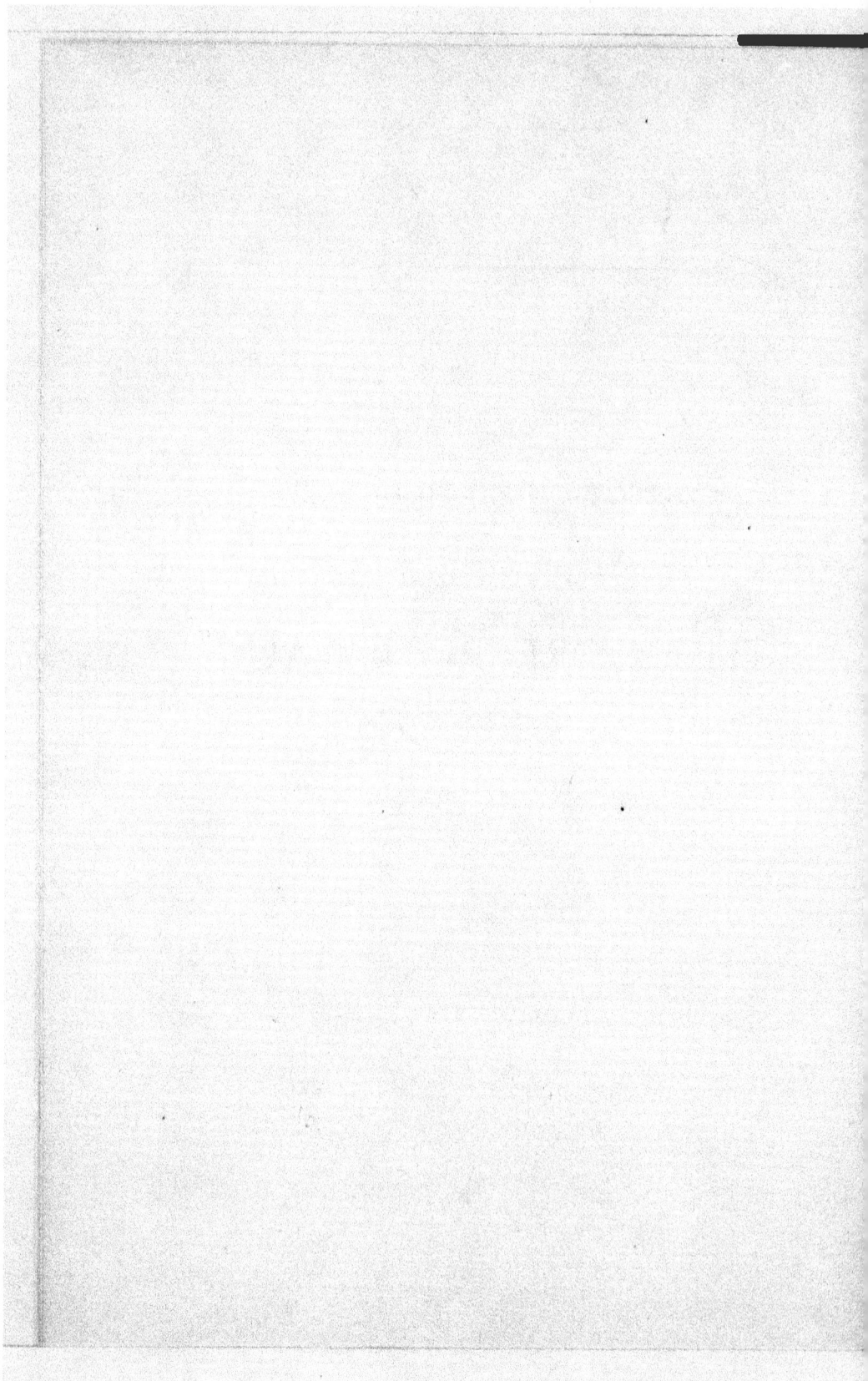

COLLECTION PARTICULIÈRE

DE

THÉODORE ROUSSEAU

TABLEAUX

PASTELS, AQUARELLES, DESSINS

BARYE

528. — Les Éléphants.
     Aquarelle.

     H. 24 c.; L. 32 c.

529. — Lion couché.
     Aquarelle.

     H. 24 c. 1/2; L. 33 c.

J. BREUGHEL (LE VIEUX)

530. — Un repas de noce.

     H. 25 c.; L. 35 c.

J. BREUGHEL (LE VIEUX)

531. — Une Querelle de jeu; rixe de paysans.

Ce tableau a été gravé.

H. 72 c.; L. 1 m.

532. — Une Kermesse.

Sur bois.

H. 1 m. 05; L. 72 c.

533. — Quatre tableaux en pendants, représentant les quatre Saisons.

H. 55 c.; L. 76 c. chacun.

CHASSERIAU (TH.)

(D'après PAUL VÉRONÈSE)

534. — Médaillon.

H. 51 c.; L. 51 c.

CHÉROT.

535. — Paysage (forêt de Fontainebleau).

H. 32 c.; L. 40 c.

COROT

536. — Habitation au village de Saint-Martin
près Boulogne-sur-Mer.

H. 41 c.; L. 32 c.

537. — Une Prairie.

H. 21 c.; L. 24 c.

538. — Un Moulin à vent.

H. 16 c.; L. 34 c.

DELACROIX (EUGÈNE)

539. — Le Triomphe de Trajan.

Esquisse (vente Delacroix). (n° 58 — 1.600 ./.)

H. 60 c.; L. 47 c.

540. — Un lot de six dessins.

(Provenant de la vente Delacroix).

541. — Montagnes du Maroc.

Dessin (vente Delacroix).

542. — Un lot de cinq dessins.

Provenant de la vente Delacroix.

DIAZ

543. — Groupe d'arbres; effet d'automne.

H. 27 c.; L. 35 c.

DIAZ

544. — Esquisse.

H. 32 c.; L. 24 c.

DUPRÉ (J.)

545. — Vue du Tréport.
Esquisse.

H. 24 c.; L. 32 c.

546. — Étude; marine.

H. 24 c.; L. 33 c.

FRANÇAIS

547. — Vue de Genzano (1849).

Aquarelle.

GELÉE (Claude), *dit* LORRAIN (Claude)

548. — Páysage.

> Troupeau pâturant au bord d'une rivière ; au fond ,
> la mer couverte de barques, & un vaste promontoire.
> Sépia. — La peinture en a été faite pour le prince
> Corsini.
>
> H. 19 c. 1/2 ; L. 25 c.

HUYSMANS. (de Malines)

549. — Éboulement de terrain dans une forêt.

> H. 25 c. ; L. 34 c.

MILLET (J.-F.)

550. — Barque de pêcheurs en mer ; effet de
soleil levant.

> Grand pastel.
>
> H. 61 c. ; L. 91 c.

MILLET (J.-F.)

551. — Petite fille apprenant à lire.

Dessin.

552. — Entrée du hameau de Gréville.

Dessin rehaussé.

553. — Paysan brouettant du fumier dans son jardin.

Dessin.

554. — Retour d'une famille de paysans; effet de crépuscule du soir.

Dessin.

555. — Une Fileuse.

Dessin.

8

MILLET (J.-F.)

556. — Cour intérieure d'une maison rustique.

Dessin.

557. — Phœbus & Borée (*Fable de la Fontaine*).

Dessin rehaussé.

558. — Une Moisson; paysans chargeant une charrette.

Dessin rehaussé.

559. — Un Berger & son troupeau.

Dessin.

560. — Deux Bergères.

Dessin double face.

MILLET (J.-F.)

561. — Pêcheurs en mer; effet de lune.

Dessin.

562. — Femme enseignant le tricot à sa petite fille.

Dessin.

563. — Maisons derrière la butte Montmartre (1846.)

Dessin.

VAN DER NEER (École de)

564. — Une Marine.

Dessin.

VAN GOYEN

565. — Vue de Hollande; marine.

H. 39 c.; L. 36 c.

LIÉNARD

566. — Copies d'après Claude Lorrain, Ruisdaël
& Huysmans.

CHARLET

567. — Six dessins pour l'illustration du *Mémorial
de Sainte-Hélène.*

ANDRIEUX

568. — Une Charge de cavalerie.

Aquarelle.

569-570. — Sous ces numéros seront vendus plusieurs lots de dessins anciens & modernes, Breughel, Jeanron, &c.

SCULPTURE

BARYE

571. — Un Cerf.

Modèle en cire sur une première épreuve en bronze.

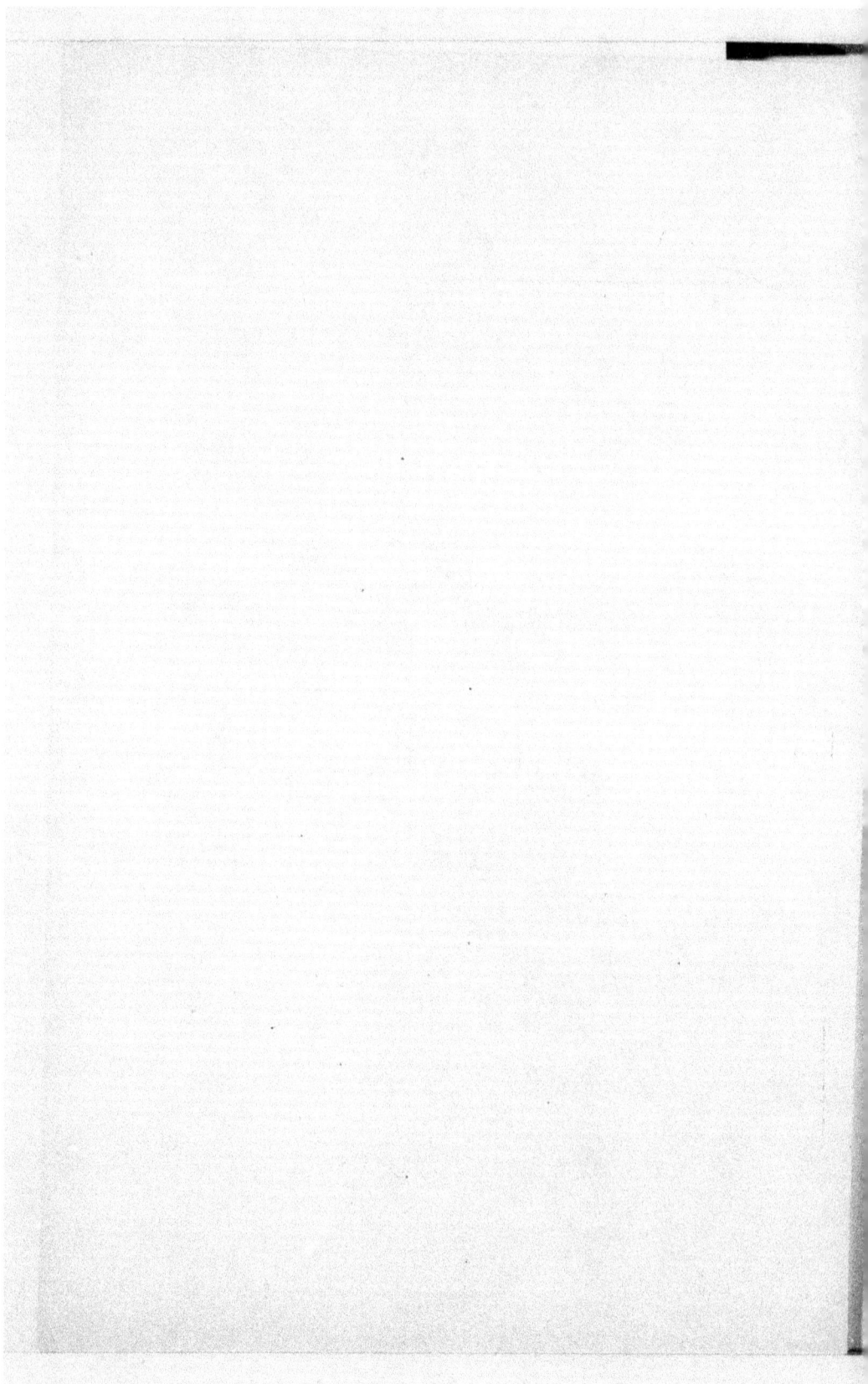

OBJETS D'ART

ET

CURIOSITÉS

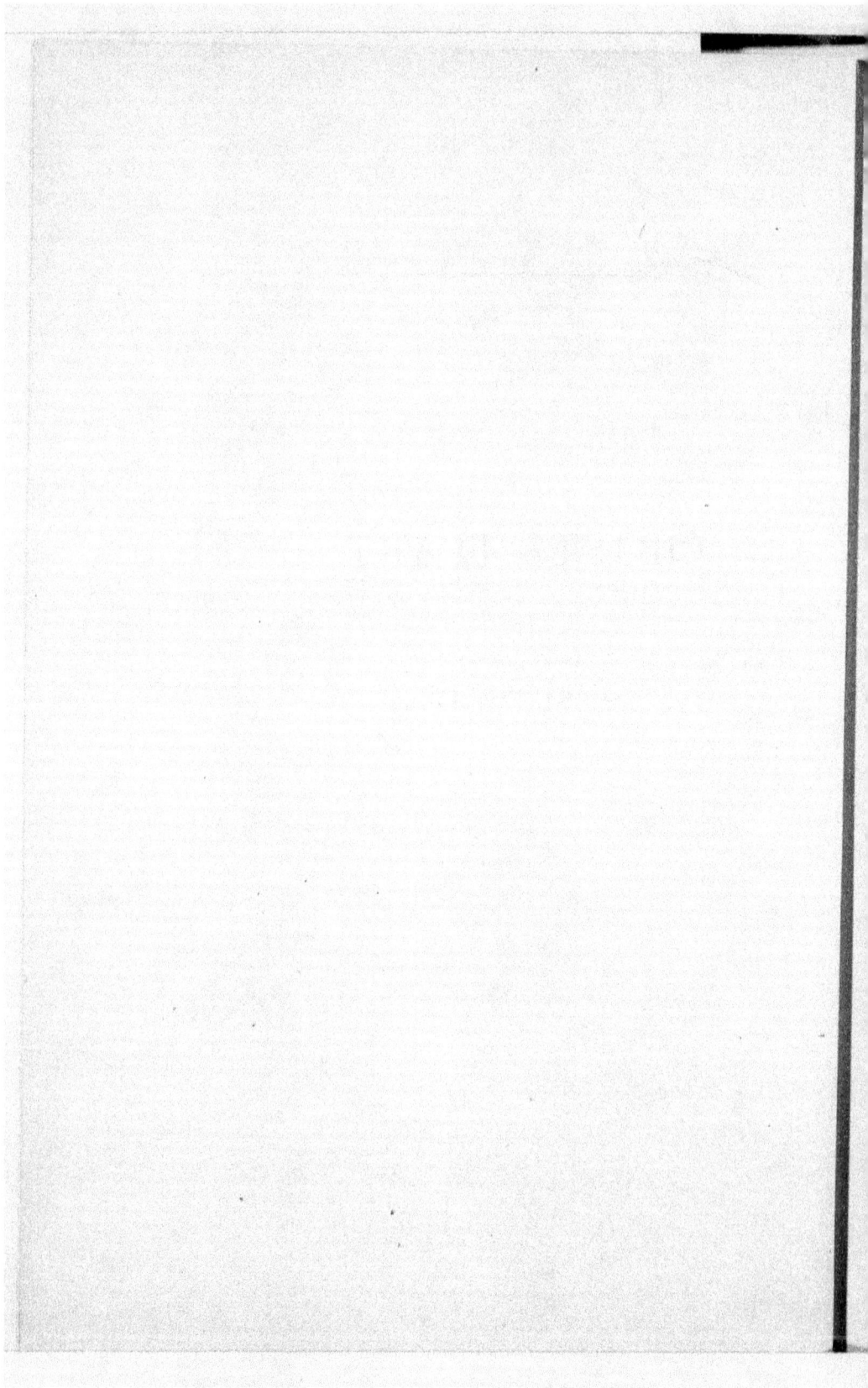

OBJETS D'ART

ET

CURIOSITÉS

572. — Flambeaux surmoulés.

> Style Louis XIV.

573. — Applique pour flambeau en cuivre argenté.

> Style Louis XIV.

574. — Pendule en forme de lyre surmontée d'un soleil.

> Style Louis XVI. En bel état de conservation.

575. — Flambeaux bronze, de Barye.

576 — Un plat de faïence de Gubbio.

577. — Deux cornets de Delft.

578. — Grande potiche de Gubbio.

579, 580, 581, 582, 583, 584, 585. — Soupière,
plats, tasses, sucrier. — Anciennes
faïences françaises & de Chine. — Boîte
en laque, &c.

586. — Une grande quantité de coquillages.

PLANCHES ET ALBUMS JAPONAIS

GRAVURES

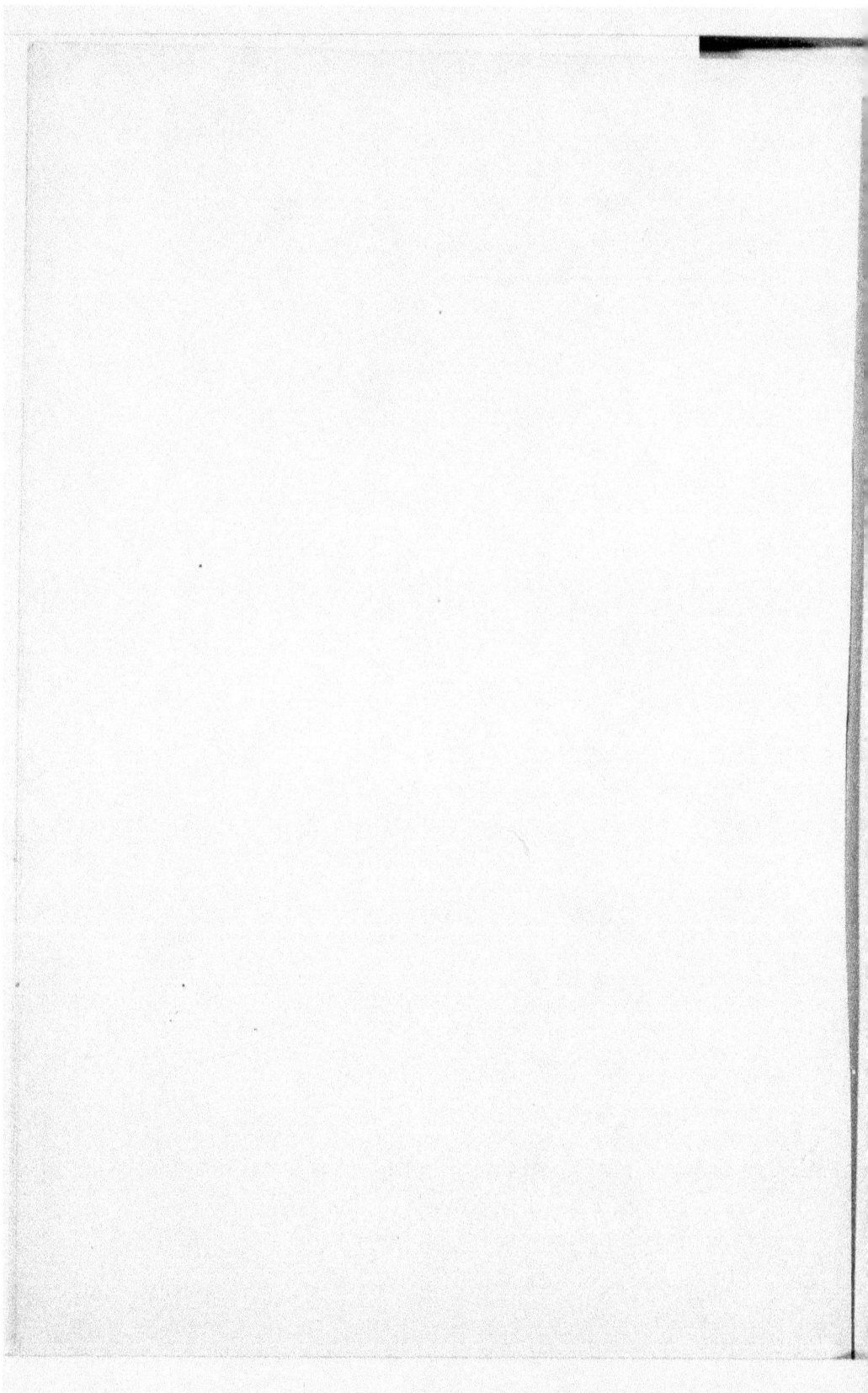

GRAVURES

DUJARDIN (Karel).

1. — La Brebis & son Agnelet (B. 42).
   Très-belle épreuve avant le numéro.

DURER (Albert).

2. — Adam & Ève (B. 1).
   Très-belle épreuve tirée sur papier à la tête de bœuf.

3. — Saint Eustache ou Saint Hubert (B. 57).
   Belle épreuve mal conservée.

4. — Saint Jérôme en pénitence (B. 61).
   Très-belle épreuve manquant de conservation.

5. — La Famille du Satyre (B. 69).
   Magnifique épreuve. (Collection du comte H. de Vienne.)

DURER (Albert).

6. — L'Enlèvement d'Amymone (B. 71).
Belle épreuve.

7. — La Dame à cheval (B. 82).
Très-belle épreuve, rare de cette qualité. (Collection du comte H. de Vienne.)

8. — Les Armoiries à la tête de mort (B. 101).
Épreuve de la plus grande beauté. (Collection du comte H. de Vienne.)

9. — Trois Évêques debout (B. 118).
Gravure sur bois, très-belle épreuve. (Collection du comte H. de Vienne.)

GELÉE (Claude dit le Lorrain).

10. — La Danse au bord de l'eau (R. D. 6).
Superbe épreuve avec les bords raboteux.

11. — La Danse sous les arbres (R. D. 10).
Superbe épreuve.

12. — Scène de brigands (R. D. 12)
Très-belle épreuve du troisième état.

GELÉE (Claude dit le Lorrain).

13. — Le Soleil couchant (R. D. 15).

> Magnifique épreuve du troisième état, avant le mil-
> lésime 1634.

14. — Le Campo Vaccino (R. D. 23).

> Magnifique épreuve du deuxième état avant que
> l'inscription : Claudius *c. in & f. Romæ*, 1639, &
> gravée à l'eau-forte dans le bas de la marge à droite, ait
> été effacée, avant le monogramme du maître au coin à
> gauche. De la plus grande rareté.
>
> R. Dumesnil indique le premier état comme unique.

15. — Son Œuvre en 32 pièces. 1 vol. in-4",
    oblong.

> Anciennes épreuves qu'il est très-rare de trouver
> réunies.

LEYDE (Lucas de).

16. — Les Deux Vieillards apercevant Suzanne
    dans le bain (B. 33).

> Superbe épreuve.

17. — La Sainte Famille (B. 85).

> Superbe épreuve d'une pièce rare. (Collection du
> comte H. de Vienne.)

LEYDE (Lucas de)

18. — Repos en Égypte (B. 38).

> Superbe épreuve très-rare. (Collection du comte
> H. de Vienne.)

19. — Saint George (B. 121).

> Superbe épreuve. (Collection du comte H. de
> Vienne.)

20. — Les Pèlerins (B. 149).

> Superbe épreuve. (Collection du comte H. de
> Vienne.)

21. — La Laitière (B. 158).

> Superbe épreuve, rare.

22. — La même estampe.

> Belle épreuve.

MERYON (Ch.).

22 bis. — La Morgue, la Pompe Notre-Dame, &c.

> Quatre pièces gravées à l'eau-forte.

MILLET (J.-F.)

23. — Les Bêcheurs.

Premier état avant le ciel; LES GLANEUSES, JEUNE MÈRE DONNANT A MANGER A SON ENFANT.

Trois pièces gravées à l'eau-forte, rares.

OSTADE (Adrien Van)

24. — Les Pêcheurs (B. 26).

Superbe épreuve du deuxième état, avec la bordure légère.

25. — Le Rémouleur (B. 36).

Superbe épreuve du premier état, avec la bordure fine & avant des travaux à la pointe sèche sous le bras du rémouleur.

26. — Le Paysan payant son écot (B. 42).

Superbe épreuve avant beaucoup de travaux.

RAIMONDI (Marc-Antoine)

27. — Deux Faunes portant un enfant dans un panier, d'après un bas-relief antique (B. 230).

Superbe épreuve. (Collection du comte H. de Vienne.)

REMBRANDT (Van Rhyn)

28. — Portrait de Rembrandt dessinant (B. 22).
Cl. 22. C. B. 235.

> Magnifique épreuve avant le paysage, avec la main
> droite & la manchette de la gauche en blanc. Extrême-
> ment rare. (Collection du comte H. de Vienne.)

29. — L'Annonciation aux bergers (B. 44). Cl. 48.
C. B. 19.

> Magnifique épreuve très-rare à rencontrer de cette
> beauté. (Collection Van den Zende.)

30. — Jésus-Christ guérissant les malades, dite
la Pièce de cent florins (B. 74). Cl 78.
C. B. 49.

> Magnifique épreuve du premier état de Bartsch, d'un
> ton velouté, d'une fraîcheur remarquable & avec une
> petite marge. Très-rare à rencontrer de cette qualité.
> (Collection du comte H. de Vienne.)

31. — Le Paysage aux trois arbres (B. 212).
Cl. 209. C. B. 315.

> Magnifique épreuve. Extrêmement rare à rencon-
> trer d'une aussi parfaite condition. (Collection du comte
> H. de Vienne.)

REMBRANDT (Van Rhyn)

32. — Portrait de Faustus (B. 270). Cl. 268.
C. B. 84.

> Superbe épreuve avant le travail à la pointe sèche,
> notamment sur l'épaule droite du personnage. (Collec-
> tion du comte H. de Vienne.)

ROUSSEAU (Théodore)

32 *bis*. — Le Chêne de Roche gravé à l'eau-forte.

> Premier état imprimé sur papier japonais.

33. — La même estampe, imprimée sur vieux
papier.

ROUSSEAU (Th. d'après)

34. — Un lot de Gravures & Lithographies, par
Jacque, Marvy, Français, Anastasi,
Laurens.

RUYSDAEL (Jacques)

35. — Le Petit Pont (B. 1).

> Très-belle épreuve. (Collection Arozarena.)

RUYSDAEL (Jacques)

35 *bis*. — Le Champ bordé d'arbres (B. 5).

    Très-belle épreuve, avec une grande marge.

36. — Le Bouquet des trois chênes (B. 6).

    Très-belle épreuve, rare.

VELDE (Adrien Van)

37. — La Vache & les deux Moutons au pied d'un arbre (B. 11). — Le Bœuf pie & les trois Moutons (B. 12). — Les Deux Vaches au pied d'un arbre (B. 13). — La Brebis (B. 14). — Les Deux Moutons (B. 15).

    Cinq pièces, très-belles épreuves.

VERNET (Carle d'après)

37 *bis*. — La Toilette d'un clerc de procureur. — Le Jour de barbe d'un charbonnier.

    Deux pièces gravées par Debucourt, imprimées en couleur.

38. — La Marchande de cerises. — La Marchande de poissons.

    Deux pièces gravées par Debucourt, imprimées en couleur.

VERNET (CARLE d'après)

39. — Route du Marché.

Pièce imprimée en couleur, gravée par Debucourt.

VERNET, VINCENT & BOILLY

(d'après)

40. — Les Incroyables. — Parlez au portier. — Ah! s'il y voyait!

Trois pièces imprimées en couleur.

41. — L'Ascension de N.-S. Jésus-Christ.

Collection de douze lithographies d'après le tableau du Pérugin au musée de Lyon. Paris, 1855, gr. in-fol.

42. — Sous ce numéro seront vendues un grand nombre de gravures dites d'artistes, lithographies par Bonington; caricatures par H. Daumier, & photographies.

LIVRES

LIVRES A FIGURES

ET DE LITTÉRATURE

43. — *Histoire du Vieux & du Nouveau Testament,* enrichie de plus de 400 figures. Amsterdam, P. Martin 1700. 2 vol. in-fol., veau.

44. — *Les Recherches de la France,* de E. PASQUIER. Paris, P. Menard. 1743. 1 vol. in-fol., veau.

45. — *Histoire d'Angleterre, d'Écosse & d'Irlande,* par de LARREY. Rotterdam, H. Leers, 1797. 2 vol. in-fol., portraits veau aux armes.

46. — *Description des bains de Titus,* à laquelle on a ajouté les arabesques antiques des bains de Livie & de la villa Adrienne avec les plafonds de la villa Madame. Paris, 1786. 1 vol. in-fol., d.-rel., veau, fig.

47. — *Les Antiquités d'Herculanum,* avec leurs explications en français. Paris, 1780. 11 vol. in-4°. veau.

48. — *Recueil d'antiquités Égyptiennes, Étrusques, Grecques, Romaines & Gauloises.* Paris, 1761. 8 vol. in-4°, veau, fig.

49. — *Admiranda Romanarum Antiquitatum Ac Veteris Sculpturæ Vestigia &c.* Rome, 1693. 1 vol. in-fol. oblong cartonné.

50. — *De Tempel der Zang Godinen.* Amsterdam, Z. Chatelain, 1733. 1 vol. in-fol., veau.

51. — *Recueil d'estampes,* d'après les tableaux des peintres les plus célèbres d'Italie, des Pays-Bas & de France, qui composaient le cabinet Boyer d'Aguilles. Paris, Basan. 1 vol. in-fol., d.-rel., veau.

51 *bis.* — *Loges de Raphaël au Vatican.* Recueil de 17 pièces gravées par OTTAVIANI. 1 vol. in-fol. cartonné.

52. — *Chronique de Nuremberg.* Amsterdam, 1493. 1 vol. in-fol., grand nombre de gravures sur bois, vélin.

53. — LASINIO, *Le Campo Santo,* à 42 planches, Pise. 1 vol. grand in-fol. cartonné.

54. — *Liber veritatis,* or collection of two hundred prints, after the original designs of Cl. LORRAIN. London, Boydell, 1779. 2 vol. in-fol., veau.

(Incomplet de quelques planches).

55. — *Le même ouvrage*. London, 1819. 3 vol. in-
fol. cartonné.

55 *bis*. — *Monographie de l'œuvre de Bernard Pa-
lissy*, suivie d'un choix de ses continuateurs
ou imitateurs. Dessinée par MM. CARLE
DELANGE & C. BORNEMAN; texte par
MM. SAUZAY & H. DELANGE. Paris, chez
l'auteur, 1862. 1 vol. in-fol., demi-reliure,
maroquin vert.

56. — Livre d'heures du xvᵉ siècle, figures
imprimées. Paris, Engelmann.

57. — *Les Saints Évangiles*, figures imprimées
en couleur. Paris, Curmer; en livraisons.

57 *bis*. — *Portefeuille archéologique de la Cham-
pagne*, par A. GAUSSEN. Bar-sur-Aube,
1861. 1 vol. grand in-4°, d.-rel., mar. vert.,
fig. en couleur.

58. — SAINT-NON, *Voyage pittoresque de Naples
& de Sicile*. Paris, 1781. 5 vol in-fol.,
d.-rel.

59. — WILLEMIN *Monuments français inédits pour
servir à l'histoire des arts, des costumes &c.*
Paris, Mᵉˡˡᵉ Willemin, 1839. 2 vol. in-
fol., d.-rel.

60. — *Le Moyen Age & la Renaissance,* histoire & description des mœurs & usages du commerce & de l'industrie, des arts, des sciences, de la littérature & des beaux-arts en Europe, publiée sous la direction de P. LACROIX. Paris, 1848-51. 5 vol. gr. in-4°, fig., d.-rel., mar. rouge, coins.

61. — *Histoire des Arts industriels au moyen âge & à l'époque de la renaissance,* par J. LABARTE. Paris, Morel & C⁰, 1864. 5 vol., d.-rel., mar. rouge, coins.

62. — *Les Arts somptuaires.* Paris, 1858. 2 vol. in-4°, planches; 1 vol. in-8°, texte, d.-rel., mar. rouge, coins.

62 bis. — *L'Œuvre de Rembrandt reproduit par la photographie, décrit & commenté,* par M. CH. BLANC. Paris, 1853, en livraisons.

63. — *Agli amatori delle belle arti e delle antichita* du palais Bernini, avec fig. de M. Carloni. Rome, gr. in-fol., oblong, cart.

64. — *Dresses and Decorations of the Middle Ages,* by H. Sham. London, H. Bohn, 1858, 2 vol. in-8°, cart.

65. — *Recueil des monuments les plus intéressants du Musée Royal-Bourbon,* par R. GORGIULO. Naples, 1845. 2 vol. in-4°, cart.

66. — *Contes & Nouvelles en vers*, par M. DE LA
FONTAINE, édition exécutée aux frais des fer-
miers généraux ; avec une notice par D. DI-
DEROT. Amsterdam, 1762. 2 vol. in-8°, fig.
d'Eisen, mar. rouge, aux armes, ancienne
reliure.

67. — *Contes & Nouvelles en vers*, par JEAN DE LA
FONTAINE. Paris, 1777. 2 vol. in-4°, veau, fig.

68. — *Les Fables de La Fontaine*. Paris, 1768.
6 vol. in-8°, d.-rel., mar. rouge, fig. de Fes-
sard.

69. — *Lettres du comte de Comminges à sa mère.*
Paris, 1764. 1 vol. in-8°, mar. rouge, fig.

70. — *Œuvres poissardes de Vadé, suivies de celles
de l'Écluse.* Paris, 1796. 1 vol. gr. in-4°, vél.
avec fig. imprimées en couleur.

71. — *Les Métamorphoses d'Ovide en latin & en
français*, figures de B. Picart. Amsterdam,
1732. 1 vol. in-fol., veau.

72. — Sous ce numéro seront vendus un grand
nombre de livres de littérature, dont les *Mé-
moires* du duc de Saint-Simon, les Œuvres
de Shakespeare, de Corneille, de Molière,
de Plutarque, de Racine, de Regnard, de

Buffon, de Walter-Scott, de Bitaubé; la *Vie des peintres* de Vasari, traduites par Leclanché; le *Dictionnaire de la conversation* en 16 vol. & quantité d'autres ouvrages.

(Tous ces ouvrages sont en grande partie reliés en veau & demi-maroquin.)

MÉDAILLES GRECQUES

MÉDAILLES GRECQUES

GAULE.

1. **Marseille.** Tête d'Apollon à gauche. R. **MA** dans les rayons
d'une roue.   AR [1]. 2 pièces.

CAMPANIE.

2. **Neapolis.** Tête de Parthénope à gauche. R. **NEOΠOΛITΩN.**
Taureau à face humaine couronné par la Victoire.
                                               AR [5]. 3 pièces.

3. **Roma.** Tête d'Hercule jeune à droite. R. **ROMA.** La louve
allaitant Romulus & Rémus.   AR [5].

CALABRE.

4. **Tarente.** Chouette & Hercule assis.   AR. 2 pièces.

LUCANIE.

5. **Héraclée.** Hercule étouffant le lion.   AR [2]. 3 variétés.

6. **Métaponte. MET.** Épi en relief. R. Épi en creux.
                                               AR. 2 pièces.

10

7. — Tête de femme, les cheveux retenus par un large bandeau. R. META. Épi.   AR[5]. 2 variétés.

8. — Même médaille, la tête à gauche.   AR[5].

9. — Tête de Cérès à gauche. R. META. Épi. Une tenaille sur la feuille.   AR[5].

10. **Sybaris.** ΣΥ. Bœuf à gauche se retournant. R. Même type en creux.   AR[7].

11. **Thurium.** Tête de Pallas à droite. R. ΘΟΥΡΙΩΝ. Taureau allant à droite, dessous un poisson.   AR[5]. 2 pièces.

12. — Même médaille.   AR[2]. 2 pièces.

BRUTTIUM.

13. **In genere.** Pallas debout, & guerrier combattant. Æ. 2 p.

14. **Croton.** ΚΡΟ. Trépied en relief. R. Même type en creux.   AR[4].

15. **Nuceria.** Tête d'Apollon à droite. R. ΝΟΥΚΡΙΝΩΝ. Cheval à gauche.   Æ[5].

16. **Terina.** Tête de femme à droite. R. ΤΕΡΙΝΑΙΩΝ. Victoire assise sur une base.   AR. 3 pièces variées.

SICILE.

17. **Agrigente.** ΑΚΡΑΓΑΝΤΟC. Aigle à gauche. R. Crabe. AR[5].

18. — ΑΚΡΑ. Tête de Jupiter à gauche. R. Aigle à gauche enlevant un lièvre; autre, la tête d'Apollon. Æ[4]. 3 pièces.

19. **Catane, Ceuturipæ, Mamertini, Menænum**. Æ.   4 p.

20. **Gelas**. ΓΕΛΑΣ. Partie antérieure d'un bœuf à face humaine, à droite. R. Figure conduisant un bige à droite; au-dessus, une Victoire couronne les chevaux.   AR⁷.

21. **Messana**. Même bige. R. ΜΕΣΣΑΝΙΩΝ. Lièvre courant.   AR⁷. 2 pièces.

22. **Panorme**. Tête de Cérès à gauche. R. Cheval à droite se retournant.   Æ⁷.

23. **Syracuse**. ΣΥΡΑΚΟΣΙΩΝ. Tête de Proserpine à droite, entourée de quatre poissons. R. Figure conduisant un quadrige au pas à droite; pièce d'ancien style. AR⁷. 2 p.

24. — Tête couronnée de roseaux à gauche devant Δ, autour quatre poissons. R. Figure conduisant un quadrige au galop à gauche, dessous des armes.   AR¹⁰.

25. ΣΥΡΑΚΟΣΙΩΝ. Tête de Pallas à droite. R. Pégase courant à gauche.   AR⁵.

26. — Lot de 14 pièces d'argent & de bronze, plusieurs d'un très-beau style.   Æ. 14 pièces.

27. **Tauromenium**. Tête d'Apollon à gauche. R. ΤΑΥΡΟΜΕ-ΝΙΩΝ. Trépied.   .   Æ⁵.

28. **Agathocles & Hieron II**. Rois.   Æ. 5 pièces.

29. **Philistis, reine**. Tête voilée de la reine à gauche. R. ΒΑΣΙΛΙΣΣΑΣ ΦΙΛΙΣΤΙΔΟΣ. Victoire conduisant un quadrige au pas, à droite.   AR⁷. 2 pièces.

30. — Même type, le quadrige au galop.   AR⁷.

31. — **Gaulos** (île de Sicile). Tête voilée de femme à gauche. R.
Trois figures égyptiennes debout.   Æ [7].

THRACE.

32. — **Cardia**. Tête de Cérès de face. R. ΚΑΡΔΙΑ. Lion
allant à gauche & se retournant.   Æ [4].

33. — **Chersonesus**. Partie antérieure de lion à droite se
retournant. R. Creux divisé en quatre parties. AR [3]. 2 p.

MACÉDOINE.

34. **Sous les Romains**. ΜΑΚΕΔΟΝΩΝ. Tête d'Apollon à
droite. R. AESILAS. Ciste, massue & table carrée, le
tout dans une couronne.   AR [8].

35. **Eion**. Cygne à droite se retournant. R. Carré creux divisé
en quatre parties.   AR [2].

36. **Neapolis**. Masque de face tirant la langue. R. Même carré
creux.   AR [5].

37. **Lete**. Homme debout saisissant une femme. R. Même carré
creux.   AR [6].

ROIS DE MACÉDOINE.

38. **Amyntas II**. Tête d'Hercule jeune à droite. R. AMYNTA.
Aigle à droite dévorant un serpent.   Æ [3].

39. **Philippe II**. Tête laurée d'Apollon à droite. R. ΦΙΛΙΠΠΟΥ.
Figure conduisant un bige à droite; dessous trident. OR [4].

40. — Tête laurée de Jupiter à droite. R. ΦΙΛΙΠΠΟΥ. Cavalier nu sur un cheval au pas, à droite.   AR⁷.

41. — Même tête. R. Le même. Le cavalier à gauche. Rare. AR⁷.

42. **Alexandre III** (le Grand). Tête de Pallas à droite. R. ΒΑΣΙΛΕΩΣ ΑΛΕΞΑΝΔΡΟΥ. Victoire debout à gauche.   OR⁴.

43. — Tête d'Hercule jeune à droite. R. ΑΛΕΞΑΝΔΡΟΥ. Jupiter assis à gauche.   ,   AR⁷. 2 pièces.

44. — Même médaille d'un très-beau style.   AR⁷.

45. — Médailles en bronze du même règne.   Æ⁴. 3 pièces.

46. **Philippe III.** Tête d'Hercule jeune à droite. R. ΦΙΛΙΠΠΟΥ. Arc & massue.   OR².

47. **Antigone I.** Tête imberbe & cornue sur un bouclier macédonien. R. ΒΑΣΙΛΕΩΣ ΑΝΤΙΓΟΝΟΥ. Pallas thessalienne debout à gauche.   AR⁹.

48. — Le même. **Cassandre, Philippe IV** & **Philippe V.**   Æ. 4 pièces.

THESSALIE, ÉPIRE, CORCYRE, ÆTOLIE.

49. **Larissa, Pyrrhus, roi; Corcyre, Ætolie.**
   AR & Æ. 6 pièces.

LOCRIDE.

50. **Opontii.** Tête de Cérès à droite. R. ΟΠΟΝΤΙΩΝ. Ajax combattant à droite.

PHOCIDE.

51. **Phoci.** ΦΩΚΙ. Tête de femme dans un carré creux. R. Tête de bœuf de face. AR³.

BÉOTIE.

52. **Thèbes.** Bouclier béotien. R. ΘΕ. Diota. AR⁴.

ATTIQUE.

53. **Athènes.** Tête de Minerve à droite. R. ΑΘΕ. Chouette de face. Décadrachme (coin moderne). AR¹⁰.

54. — Même tête. R. ΑΘΕ. Chouette à droite. AR⁷. 2 pièces.

55. — Trois autres pièces. AR & Æ.

56. **Égine.** Tortue de terre. R. Creux divisé en cinq parties. AR⁴.

57. — ΑΙ. Même tortue. R. ΝΙ. Le même. AR²

ACHAIE.

58. **Corinthe & Sicyone.** Pièces variées. AR. 6 pièces.

EUBÉE.

59. **Chalcis & Histiæa.** Pièces variées. AR. 3 pièces.

ARCADIE.

60. — ΑΡΚΑΔΙΟΝ. Tête de femme dans un carré creux. R. Jupiter assis à gauche. AR³.

MYSIE.

61. **Cyzique**. Tête voilée de Proserpine à droite. R. Trépied au
milieu d'un carré. OR[1].

62. — Tête de Bacchus jeune à gauche. R. Carré creux divisé
en quatre parties. OR[1].

63. **Philetaire** (roi de Pergame). Tête laurée du roi à droite. R.
ΦΙΛΕΤΑΙΡΟΥ. Pallas assise à gauche. AR[7].

ÉOLIE.

64. **Cyme**. Cheval allant à droite. Æ. 2 pièces variées.

65. **Myrrhina**. Tête d'Apollon à droite. R. ΜΥΡΙΝΑΙΩΝ.
Femme allant à droite, à ses pieds un Diota. AR[10].

LESBOS.

66. **Mytilène**. Deux têtes de veaux en regard. R. Carré creux
divisé. POT[5].

67. **Érésus**. Tête laurée d'Apollon à gauche. R. EP, & torche,
le tout dans une couronne. Æ[3].

IONIE.

68. **Erythrée**. Guerrier debout à gauche, retenant un cheval au
galop. R. EPΥΘ... Rosace, le tout au milieu d'un carré
creux. AR[3].

69. **Smyrne**. Pièces variées. Æ[4]. 6 pièces.

CARIE.

70. **Cnide**. Tête de Vénus au milieu d'un carré creux. R. Partie antérieure d'un Lion à droite. AR[4].

71. **Cos**. Tête laurée d'Esculape à droite. R. ΚΟΙ, & serpent au milieu d'un carré creux. AR[3].

72. **Rhodes**. Tête du soleil de face. R. PO. ΜΝΑΞΙΜΑΧΟΣ. Rose dans le champ. Pallas debout. AR[5].

CHYPRE (?)

73. **Pnytagoras, roi** (?). ΠΝ. Tête de Jupiter à gauche. R. Tête d'Hercule jeune à droite. Inédite. Æ[2].

LYDIE.

74. **Crésus, roi** (?). Têtes affrontées d'un lion & d'un bœuf. R. Deux carrés creux. AR[4].

CAPPADOCE.

75. **Ariarathes IV** & **V, rois**. ΒΑΣΙΛΕΩΣ ΑΡΙΑΡΑΘΟΥ ΕΥΣΕΒΟΥΣ, Pallas debout à gauche. AR[4]. 2 pièces.

SYRIE (ROIS).

76. **Séleucus I**. Tête d'Hercule jeune à droite. R. ΒΑΣΙΛΕΩΣ ΣΕΛΕΥΚΟΥ. Jupiter assis à gauche. AR[7].

77. **Antiochus II**. Tête diadémée du roi à droite. R. ΒΑΣΙΛΕΩΣ ΑΝΤΙΟΧΟΥ. Apollon assis à gauche sur la cortine, à l'exergue ΔΙ. AR⁸.

78. **Séleucus III**. Tête diadémée du roi à droite. R. ΒΑΣΙΛΕΩΣ ΣΕΛΕΥΚΟΥ. Même type. AR⁷.

79. **Antiochus III**. Tête diadémée du roi avec des favoris. R. ΒΑΣΙΛΕΩΣ ΑΝΤΙΟΧΟΥ. Même type. AR⁷.

80. **Séleucus IV**. Tête diadémée du roi. R. ΒΑΣΙΛΕΩΣ ΣΕΛΕΥΚΟΥ. Même type. AR⁴.

81. **Antiochus IV**. Tête diadémée du roi. R. ΒΑΣΙΛΕΩΣ ΑΝΤΙΟΧΟΥ. ΘΕΟΥ. ΕΠΙΦΑΝΟΥΣ ΝΙΚΗΦΟΡΟΥ. Jupiter assis à gauche. AR⁸.

82. **Antiochus V** (?) (Eupator). Tête jeune & diadémée du roi à droite. R. ΒΑΣΙΛΕΩΣ ΑΝΤΙΟΧΟΥ. Apollon assis à gauche dans le champ, trépied & dessous lyre. AR⁷.

83. **Démétrius Iᵉʳ**. Tête diadémée du roi au milieu d'une couronne. R. ΒΑΣΙΛΕΩΣ ΔΗΜΗΤΡΙΟΥ. Femme assise à gauche. AR⁹. 2 pièces.

84. — Même pièce avec ΒΑΣΙΛΕΩΣ ΔΗΜΗΤΡΙΟΥ ΣΩΤΗΡΟΣ. AR⁸.

85. **Alexandre II**. Tête jeune & diadémée du roi, à droite. R. ΒΑΣΙΛΕΩΣ ΑΛΕΞΑΝΔΡΟΥ. Jupiter assis à gauche. AR⁸.

86. **Antiochus VIII**. Tête diadémée du roi, à droite. R. ΒΑΣΙΛΕΩΣ ΑΝΤΙΟΧΟΥ. Aigle à gauche sur un foudre dans le champ, ΑΣ ΙΣΡ ΑΣΥ & la date 201. AR⁷.

SÉLEUCIDE.

87. **Antioche & Séleucia.** Types variés. Æ. 5 pièces.

PHÉNICIE.

88. Tête de Melkart à droite. R. Légende phénicienne. Galère
dessous le flot. AR [5].

ROIS PARTHES.

89. **Sanatroces Ier.** Buste barbu du roi, à gauche, avec la
tiare. R. ΒΑΣΙΛΕΩΣ ΜΕΓΑΛΟΥ ΑΡΣΑΚΟΥ ΕΥΕΡΓΕ-
ΤΟΥ ΕΠΙΦΑΝΟΥΣ ΦΙΛΕΛΛΗΝΟΥΣ. Le roi assis à
droite. AR [4].

90. **Orodes Ier.** Buste barbu du roi, à gauche. R. ΒΑΣΙΛΕΩΣ
ΒΑΣΙΛΕΩΝ ΑΡΣΑΚΟΥ ΕΥΕΡΓΕΤΟΥ ΔΙΚΑΙΟΥ ΕΠΙ-
ΦΑΝΟΥΣ ΦΙΛΕΛΛΗΝΟΥΣ. Même type. AR [6].

91. **Gotarzes.** Buste barbu du roi, à gauche. R. Même légende.
Le roi assis à droite, devant lui la Victoire le couronne.
Dans le champ, ΤΝΗ (an 358). AR [7].

92. **Vologèse IV.** Buste barbu du roi, à gauche. R... ΛΑΓΑΣΟΥ.
ΕΠΙΦΑΝΟΥΣ, au bas ΑΠΕΛΛ... Le roi assis à gauche,
recevant une couronne d'un personnage debout. Dans le
champ. ΔΞΥ (au 464). AR [7].

ROIS PERSES SASSANIDES.

93. **Artaxerces Ier.** Légende pehlvie. Buste du roi à droite,
surmonté d'un globe céleste. R. *Le divin Artaxerce* en
légende pehlvie. Pyrée ou autel de feu. AR [7].

94. — Même médaille. AR². Obole.

95. **Sapor Ier.** Légende pehlvie. Buste du roi à droite, avec une tiare crénelée. R. *Le divin Sapor* en légende pehlvie. Pyrée entre le roi & un mage debout. AR⁷. 2 pièces.

96. **Varahran IV.** Buste du roi à droite, avec une tiare ailée. R. Le même. AR⁷.

ROIS DE LA BACTRIANE.

97. **Kadphises.** ΒΑΣΙΛΕΩΣ ΒΑΣΙΛΕΩΝ ϹΩΤΗΡ ΜΕΓΑϹ ΟΟΜΗΝ ΚΑΔΦΙϹΕϹ. Le roi debout, à gauche, sacrifiant. R. Légende indienne, le roi debout, à gauche, appuyé sur le bœuf Nandi. Æ⁷.

ROIS D'ÉGYPTE.

98. **Ptolémée II** Philadelphe. Tête diadémée du roi, à droite. R. ΠΤΟΛΕΜΑΙΟΥ ΣΩΤΗΡΟΣ. Aigle debout à gauche; dans le champ, ΣΙ. ΑΙ. & Λ (an 30).

99. **Arsinoë** (sa femme). Buste voilé de la reine, à droite. Derrière Κ. R. ΑΡΣΙΝΟΗΣ ΦΙΛΑΔΕΛΦΟΥ. Double corne d'abondance. OR⁷.

100. **Ptolémée.** Incertain. Æ. 3 pièces.

CYRÉNAIQUE.

101. **Famille Lollia.** Buste de Diane à droite. R. L. LOL-LIVS. Daim debout à droite. Æ⁷.

ROMAINE?

FAMILLES CONSULAIRES.

102. **Æmilia, Afrania, Antestia, Atilia, Antonia Bæbia.**
AR. 10 pièces.

103. **Calpurnia, Carisia. Cæcilia, Cæsia.**   AR. 9 pièces.

104. **Cassia, Cornelia, Claudia, Curtia, Eppia, Farsuleia,
Fonteia.**   AR. 10 pièces.

105. **Furia, Hosidia, Julia, Junia, Minucia, Maria, Pina-
ria, Plætoria.**   AR. 10 pièces.

106. **Porcia, Postumia, Roscia, Rubria, Saufeia, Servilia,
Titia, Vettia, Vibia, Volteia.**   AR. 13 pièces.

107. Semis, triens, once.   AR. 3 pièces.

III. IMPÉRIALES.

108. **Brutus.** Famille Pedania.   AR.

109. **Auguste.** Familles Julia & Salvia.   AR. 2 pièces.

110. **Tibère.** PONTIF. MAXIM. Livie assise.   OR.

111. **Néron.** ROMA. Rome assise.   GB.

112. — DECURSIO. Deux cavaliers allant à droite. GB.

113. **Vespasien, Hadrien.** Revers variés.   AR. 4 pièces.

114. **Antonin.** DIVO. PIO. Autel.   GB.

115. **Marc-Auréle.** CONCORDIA AVGVSTOR TR P XV
 COS III, Marc-Auréle & Vérus debout, se donnant la
 main. OR.

116. — Même revers & quatre autres pièces. GB. 5 pièces.

117. **Faustine** jeune. Revers variés. GB. 4 pièces.

118. **Lucius Verus.** P. M. TR. P. & Mars debout. GB.

119. **Lucilla.** PIETAS. La Piété debout sacrifiant. GB.

120. **Orbiana.** CONCORDIA AVGG. La Concorde assise.
 AR.

121. **Mamée.** FELICITAS AVG. La Félicité debout, à
 gauche. GB.

122. **Julien II.** SECVRITAS REIPVB. Le bœuf Apis à
 droite. MB.

123. **Héraclius Ier** & **Héraclius II.** VICTORIA AVG. Croix
 sur des degrés (pièce globuleuse). OR [2].

124. **Léon III** & **Constantin V.** Leurs deux bustes.
 OR 1/2 sou.

IV. MOYEN AGE ET RENAISSANCE.

MONNAIES.

125. **Charles VI.** Royal d'or. OR.

126. **Henri VI.** Salut d'or. OR.

127. **Verner** (archevêque de Trèves). Florin. OR.

128. **Anthoine de Lorraine.** 1/2 teston. AR.

GRANDES MÉDAILLES.

129. IMP CAES RVDOLPHVS REX GERM COM. HAB.
LAN. ELS. Buste du roi cuirassé, à droite, avec le
manteau royal, tenant un globe & un sceptre. R.
CLEMENTIA REG. NEAPO CAROLI. VX. RVD
IM. FI. Buste de la reine à gauche; magnifique mé-
daille, module 56 mill. OR.

130. MAXIM. FRID. III. FIL ELECT ROM. IMP. ANN.
M. CCCC. LXXXXVI. En légende intérieure IVDICII.
CAMER IMPER CONDITOR. Buste du roi à droite,
tenant une palme & un sceptre. R. MARIA CAR
BVRG DVC FILIA VRIC IMPERATOR VXOR.
Buste de Marie de Bourgogne à gauche. Module 50 mill.
OR.

131. **Marie de Médicis.** MARIA AVGVSTA GALLIAE ET
NAVARRAE REGI. Buste de la reine à droite; au-
dessous DVPRE F. R. Sans type. Module 100 mill. Æ.

132. **Henri IV** & **Marie de Médicis.** HENRICVS & bustes
accolés du roi & de la reine. R. PROPAGO IMPERI.
Le roi & la reine debout se donnant la main. Module 70 mill. Æ.

133. **Louis XIII.** LVDOVICVS XIII. D. G. FRANCORVM
ET NAVA REX. Buste du roi drapé & cuirassé. R.
Sans type. Module 60 mill. Æ.

134. **Richelieu.** ARMANDVS IOANNES CARDINALIS DE
RICHELIEV. Buste du cardinal à droite. R. Sans type.
Module 75 mill. Æ.

— 159 —

135. **Jean-Frédéric de Saxe.** SPES MEA & armes. Module 75 mill.   Æ.

136. Sous ce numéro seront vendus plusieurs lots de médailles grecques & romaines, &c.

137. Un bracelet en pierres gravées antiques, monté en or.

138. Autre bracelet avec des mosaïques.

139. Lot de pierres gravées antiques, &c.

140. Collection d'empreintes en soufre des pierres gravées, camées, &c., provenant des cabinets les plus célèbres. Cette série a fait autrefois partie des collections du célèbre peintre David, ou de Girodet.

Invitation

À VISITER

L'EXPOSITION PARTICULIÈRE

DE LA VENTE

THÉODORE ROUSSEAU

HOTEL DROUOT

Salles n°s 8 & 9

Le Samedi 25 Avril 1868

De une heure à cinq heures

Mᵉ Ch. PILLET, 10, rue Grange-Batelière

commissaire-priseur

M. DURAND-RUEL	M. BRAME
1, rue de la Paix	47, rue Taitbout

Experts

Paris. — J. Claye, imprimeur. 502

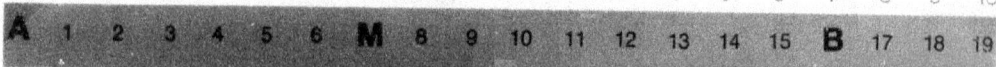

Bibliothèque nationale de France
1999

Centre Joël Le Theule, Sablé sur Sarthe

Réd. : 21